父母的语言

利云 · 编著

北方妇女儿童出版社

·长春·

图书在版编目（CIP）数据

父母的语言 / 利云编著. -- 长春 : 北方妇女儿童出版社, 2023.8
ISBN 978-7-5585-7711-6

Ⅰ. ①父… Ⅱ. ①利… Ⅲ. ①家庭教育 Ⅳ. ①G78

中国国家版本馆CIP数据核字(2023)第141081号

父母的语言
FUMU DE YUYAN

出版人 师晓晖
策划人 陶　然
责任编辑 孟健伊
开　　本 880mm×1230mm　1/32
印　　张 8
字　　数 172千字
版　　次 2023年8月第1版
印　　次 2023年8月第1次印刷
印　　刷 三河市南阳印刷有限公司
出　　版 北方妇女儿童出版社
发　　行 北方妇女儿童出版社
地　　址 长春市福祉大路5788号
电　　话 总编办：0431-81629600

定　　价 36.80元

前　言
PREFACE

语言的力量

语言的力量究竟有多大?

一句话可以改变一个人的命运，有可能成就一个人，也有可能毁掉一个人。这就是语言的力量。由此我们可以知道，语言可以是积极的，也可以是消极的，可以是正向的，也可以是反向的。

语言的方式不同，其产生的结果自然就大不相同。积极的语言美好、向上，充满正能量，从而给予人激励和希望。消极的语言恰好相反，尽是贬低、打击，负面信息爆棚，自然也就打碎了人内心的美好和希望。

对每个人来说，父母的语言意义更为重大。父母的语言可以直接影响到孩子，父母对孩子每说一句话，不管是积极的还是消极的，都将在孩子身上产生影响。父母的一句话，有时可以照亮孩子的人生之路，让他的童年充满阳光和快乐，让亲子关系更美好。同样，父母的一句话，有时可以让孩子陷入痛苦的深渊，让他的成长充满迷惑和忧伤，亲子关系自然也糟糕不已。

所以，作为父母的你应该好好说话，向孩子输入正向积极的语言，让孩子感受到爱、理解和关怀。

好好和孩子说话，父母要有同理心，从孩子的需求、兴趣、立场出发，说出孩子真正想听的话语。好好和孩子说话，父母要避免高高在上，做到尊重和信任孩子，实现真正平等的交流。好好和孩子说话，父母还应该变强制为引导，变说教为倾听……

从某种程度上来说，父母的语言就是打开孩子心灵，并促使孩子与父母更好沟通的“秘钥”。

目录

第1章 所谓说教

——最好的教育，就是和孩子好好说话

很多父母习惯采用说教式教育，孩子一犯错，就会无休止地说教，孩子一反抗，就会变本加厉，甚至动辄打骂。可看孩子的行为表现就知道，说教对孩子并没有多大作用。亲子教育，沟通是基础。你好好说话，孩子才会听你说话。

第2章 成长的伤疤

——不好好说话，对孩子的伤害到底有多大

语言可以让孩子生机勃勃，也可以让孩子萎靡不振，可见语言暴力的危害性有多大。然而可悲的是，一些父母却把一句句伤人的话抛给自己的孩子，让他承受最信任、最亲密的人的伤害。

第3章 习得同理心

——以孩子的心情考虑问题，是亲子有效沟通的前提

做人要有同理心，不管是孩子还是父母，同理心都是沟通的最佳工具。父母缺少同理心，就难以体会孩子的想法、做法和对事情的看法。如果孩子缺少同理心，就无法理解父母的良苦用心，在被父母说教、管教的时候容易仇恨父母。所以，父母尊重孩子，孩子理解父母，这样亲子沟通才能顺利。

第4章 精准倾听

——倾听声音，捋顺归因，找到孩子反常背后的原因

孩子从牙牙学语到能与家长认真商讨问题、进行辩论，这是个很漫长的过程。也只有到了这个程度，才能让沟通没有障碍。不过，在达到这一程度之前，我们也不能不管孩子的想法，只以自己的想法来左右孩子的生活。孩子的话语有时难以理解，我们就要用其他的方式去倾听，去走进孩子的内心，弄懂孩子在想什么、想要什么。

第5章 非暴力评价

——清零刻板印象，你的偏见会使孩子成为偏见的牺牲品

任何事物都不只有一面，孩子也是一样。可是很多家长爱用成绩、身体、才能，又或者是其他流于表面的东西来评价孩子的好坏，这样不仅不能激励孩子上进，反而会让孩子自暴自弃，放弃与家长沟通。看到孩子的另一面，客观评价、比较孩子的好坏，才是一个称职的家长应该做的，才是建立与孩子顺利沟通的基础。

第6章 赏识与批评

——承认并接纳，才能让孩子的改变更加稳定而持久

在管理的时候，人们喜欢说赏罚分明，在处理人事的时候，人们讲究恩威并施，但在教育孩子的时候，很多人却走进了极端。有的人极度溺爱孩子，而有的人只喜欢简单粗暴地惩罚，这些都是不对的。而且，赏识和惩罚，也都要讲究方法，采取适当的方法才能得到你想要的结果，经而不过大脑的、冲动的、粗暴的、为了一时之气的做法，只能让情况越来越糟。

第7章 情绪背后

——陪伴孩子的喜怒哀乐，和孩子一起化解消极情绪

年龄小的孩子没有自控力，很容易产生消极情绪，做出不当行为。这本是正常的现象，可做父母的需要明白，我们可以接纳和理解孩子的坏情绪，却不可放任和纵容孩子的坏情绪。多一些耐心、多一些温柔，帮孩子化解消极情绪，教孩子学会管理情绪，才是明智之举。

第8章 去情绪化管教

——不吼不叫不焦虑，左手爱孩子，右手立规矩

和孩子一样，大人也有情绪失控的时候。与孩子沟通，或管教孩子时，父母若是情绪失控便很容易忽略孩子需要什么，孩子想要表达什么，甚至忽略自己管教的目的。因此，做到去情绪化管教，亲子沟通才能起到良好效果。

第9章 破解叛逆

——不打不骂不动气，合理应对孩子的叛逆期

对于父母来说，孩子的叛逆期最是令人头疼，你说东，他偏往西，你让他做这个，他偏要做那个。于是，父母为让孩子听话，开始采用强制的管教。可正因如此，父母与孩子之间产生了矛盾和隔阂。

第10章 父母话术的训练方法

父母应该知道哪些语言对孩子的成长有害，哪些语言对孩子的成长有利。想要孩子自信、快乐，以及改善亲子关系，父母就应该掌握与孩子沟通的话术。现在一起来训练父母话术吧！

第1章

所谓说教

——最好的教育，就是和孩子好好说话

很多父母习惯采用说教式教育，孩子一犯错，就会无休止地说教，孩子一反抗，就会变本加厉，甚至动辄打骂。可看孩子的行为表现就知道，说教对孩子并没有多大作用。亲子教育，沟通是基础。你好好说话，孩子才会听你说话。

沟通是完美说服的前提，包括亲子关系

很多父母感到困扰：为什么自己说了很多话，孩子却一句都没听进去？为什么自己已经心平气和地和孩子讲道理，孩子却一点儿都没被说服？

其实，原因是这些父母是在说教，而不是在沟通！说教是单向的，沟通是双向的。说教是父母高高在上，沟通则是父母和孩子平等对话。在教育孩子时，父母若是说个不停，没有倾听，没有交流，那么沟通便是无效的。父母滔滔不绝地讲大道理，说孩子应该这样做不应该那样做，甚至简单粗暴地命令孩子必须如何如何，那么沟通的效果就微乎其微，甚至还可能产生负面效果。

在亲子教育中，沟通才是最关键的。只有良好、有效的沟通，父母才能说服孩子，打开孩子内心世界。可遗憾的是，很多父母虽然想和孩子平和地交流和沟通，却往往因为放不下身份，把沟通变成了令孩子厌恶的说教。

10 岁女孩美美放暑假了，妈妈想给她报一个兴趣班，美美也痛快地答应了。一开始，妈妈想尊重美美的兴趣和意愿，于是对

孩子说：“宝贝，你想要报什么兴趣班？是美术还是游泳？你喜欢哪一个？”

美美想了想，对妈妈说：“我还没有想好，不过我们班好多同学都报了游泳，我也想学习学习！”

听了这话，妈妈说：“嗯，游泳也不错。不过，你现在还小，学游泳没什么大用处。我觉得你应该学学美术，可以掌握一项特长技能。”

美美有些不满地说：“可是我想学游泳，你不是也说让我自己选择吗？”

妈妈看到美美情绪不佳，温和地说：“是的，妈妈会尊重你的意见。不过你想想看，学习美术的好处有很多，学校时常要求画手抄报、小画报，有了一定的美术功底，那这些作业不就简单了吗？”

“再说了，美术可以考级。你考了美术八级、九级，就比别人多了一项优势，更容易考入重点中学……”听着妈妈的大道理，美美不说话了。她被妈妈“说服”，选择了美术兴趣班，可心里却非常不快，学习效果自然也不太好。

可以看到，表面上美美妈妈与孩子进行了沟通，但是当美美说出与妈妈相反的想法时，妈妈就忘记了沟通的目的。她企图用一些大道理来说服美美，不再倾听美美的意见，更不再让美美说话。结果呢？美美妈妈看似说服了美美，取得了沟通的良好效果。可事实上，她的沟通是失败的，美美出现了逆反情绪，而且之后不再愿意和妈妈沟通。

对于父母来说，好好沟通并不是一句口号，它应该体现在父母对孩子的尊重上。父母应该做到不自说自话，不固执己见，更不能高高在上。否则，亲子沟通就永远是一个伪命题。

众所周知，河水之所以从西向东流，是因为西面地势高，东面地势低，河水只能往一个方向流。亲子沟通也是这个道理。父母始终高高在上，谈话就成了父母单方面的说教或命令，这样一来，孩子就压根儿没有表达欲望了。可若是父母和孩子处于一样的位置，沟通就变成了双向的，也会变得顺畅许多。

正因为如此，教育学家卢勤告诫人们："与孩子平视，这是所有从事儿童教育的人都应该遵循的原则。我们当父母的，想要被孩子接受，更应该找准自己的位置，蹲下来，听孩子说，了解他们的思想，知道他们要做什么。而不是总是居高临下地审视孩子，滔滔不绝地训斥孩子。"

我们不妨来做一个假设：若是美美妈妈真的想和孩子沟通，当美美说出想要学游泳时，她就应该高兴地说："嗯，游泳是不错的选择。不过学习游泳需要勇气，你确定你敢下水吗？"

美美会高兴地说："妈妈，你要相信我，我胆子很大的。"

妈妈拉着美美的手，说："是的，我相信你。同时，我需要你想清楚，你是自己想学，还是看见别人学而跟风？若是前者，妈妈支持你，可若是后者，妈妈会感到失望的。"

美美想了想，说："我是真的对游泳感兴趣。我已经决定了，暑假就学习游泳了！"

最后，妈妈说："嗯，你已经长大了，可以为自己的事做主了。我相信你一定会有一个愉快、有意义的暑假的！"

当美美妈妈把孩子当一个独立而自由的人来看待，给予孩子足够的尊重，让孩子说出自己的想法，亲子沟通又怎会不和谐？

父母需要了解一点：随着孩子年龄的增长和心理的成熟，他们更希望和父母处于一个平等的位置，更希望和父母成为无话不说的朋友。一味地说教，恰好打破了孩子的这个梦想，让孩子感到不被尊重、信任和重视。

所以说，作为父母要记住两点：一是和孩子平等地交流，不说教、不命令；二是站在孩子的角度思考问题，理解和感受孩子的需求。对于父母来说，这或许没什么，但对于孩子来说，却意义非凡。

好好说话，不是为了让孩子“乖乖听话”

“乖乖听话！”这是父母最常对小孩儿说的一句话。而且很多时候，一些父母把听话当成了评价和考量孩子的最重要标准，好像只有听话的孩子才是好孩子，不听话的孩子就不是好孩子。

在这种教育观念的影响下，很多父母总是想办法让孩子听话，或是说教命令，或是讨好顺从，抑或是利用夸奖引诱。他们通常会对自己的孩子说类似的话：“你要听话，不然我就不喜欢你了！”“宝贝听话。你要是听话，妈妈给你买你最喜欢的汽车！”“听话才是好孩子，妈妈喜欢好孩子！”“我家孩子最听话了，是个乖巧的好宝宝！”

可孩子听话真的好吗？教育出一个听话的孩子，父母又值得骄傲和夸耀吗？答案是否定的。从某种意义上说，太过听话的孩子未必会成为大人们期盼的好孩子，反而可能成为一个“问题小孩”。

太过听话的孩子，性格往往有很多缺陷，内向、自卑、没有主见、缺乏勇气、习惯讨好等。这些孩子很少有自己的思想和主见，即便内心有想法，也很难大胆地说出来。这些孩子没有原则和底线，习惯听从和屈服，即使对别人的要求不满也很难拒绝和反抗。

他们习惯忽视自己的需求，用压抑自己来迎合父母，只是为了做一个听话的好孩子。比如他不喜欢弹琴，喜欢踢足球，可是父母时常对他说“你应该好好练琴”“你有弹琴的天赋，应该成为好的钢琴家”时，他就会压制自己的想法，乖乖地努力练琴、努力成为钢琴家。

更可悲的是，很多过于听话的孩子未来之路并不好走，甚至成为一个一事无成的“巨婴”，生活和事业都处处碰壁。

有一个从小到大学习成绩都很优异的年轻人，当初以出色的成绩考入名牌大学。可也是这个年轻人，大学毕业后待业在家，找不到工作，整天不出门。因为这个年轻人性格存在缺陷，自卑、没主见，更不善于交际。而这一切的悲剧都来自父母教育的偏差。

从小到大，父母对年轻人的要求就是“听话”，他们认为孩子就应该听父母的话，而且听话是好事。小时候，年轻人和其他男孩儿一样淘气，时常也会闯一些小祸。父母总是要求他：“好孩子要听父母的话，应该按照父母的要求去做。”那时，他还有些不情愿，反驳父母说：“为什么我非要听大人的话？”这个时候，父母便会用他喜欢的东西来引诱劝说：“你要是听话，爸爸妈妈就给你买小汽车、小零食。”于是，他成为附近最听话的小孩，也成为父母炫耀的对象。

小学时期，父母依旧要求年轻人听话，不过态度比之前强硬许多。放学后，他必须马上回家，不能在公园和同学玩；报课外班，他必须报父母觉得有用的围棋，不能选择自己喜欢的跆拳道；交朋友，他必须交那些父母精心挑选的、学习成绩好的学生。他是很听话，可是性格却变得孤僻、自卑，不愿与人交流，包括父母。

高中时期，父母还是要求年轻人听话，并且按照自己的意愿把他的生活安排得“妥妥帖帖”。学业上，父母帮他选择了“有前途”的理科，之后让他报考他们挑选的大学。生活上，父母到学校附近租房，照顾他的饮食起居。天气刚冷一些，父母便不由分说地让他穿秋裤，即便他感觉有些热。学校举行秋季旅行，父母说服他不参加，原因是不安全、担心他没人照顾。结果，他成了不够独立、没有主见的“巨婴”。

大学毕业后，他无法适应职场，好几个工作都是没干几天就被辞退了。正因为如此，年轻人把自己的不幸全归结于父母，内心满是抱怨和怨恨，几乎不愿意和父母说一句话。

看到了吧！成为一个太过于听话的孩子，真的是一个悲剧。为人父母，我们应该深知的是，不管孩子多大，他都是一个独立的个体，都有自己的思想和个性。一旦父母总是要求孩子听话，那么孩子的个性、思想就会被压抑，失去独立和自主意识，从而引起心理和人格的缺陷。

所以，父母应该和孩子好好沟通，不能一味地要求孩子乖乖听话。即便你的目的不是掌控孩子，也应该多反思自己，避免采取不当的沟通方式。父母要允许孩子的“不听话”，尊重孩子的需求、想法和意见，如此才能为亲子沟通打开一条通道，进而让孩子更独立、更优秀！

爱是理性引导，用睿智化解孩子成长的烦恼

在孩子的成长过程中，失败和受挫是在所难免的。但是很多时候，一旦面对失败和受挫，孩子往往就会失去信心、自暴自弃。这个时候，父母应该给予孩子理解和支持，引导孩子走出失败的阴影，并且帮助孩子化解成长的烦恼。

然而，很多父母在孩子失败和受挫时，不但不关心、不鼓励，反而比孩子的情绪更消极，在孩子面前唉声叹气，抱怨说“你的运气太差了”“要是你不那样做就好了”，导致孩子更加情绪低落，认为自己就是个倒霉蛋。还有些父母恨铁不成钢，对孩子进行批评和指责，“你真是太笨了，这也做不好”“为什么只有你失败，真给我丢脸”，导致孩子真的觉得自己不如人，失去了尝试的勇气和上进的动力。

马涛是个爱运动的孩子，从小就练习踢足球，还是学校足球队的主力球员。因为足球踢得好，马涛得到老师和同学的喜欢，可以说是风光无限。这让马涛变得非常自信，做什么事情都自信满满。

不过，最近马涛遭遇了挫折。市里举办小学生足球友谊联赛，马涛所在学校的足球队杀进了半决赛，而且他表现很不错，每场都能进球。在半决赛上，马涛踢得也很好，上半场轻松踢进一球。下半场比赛，虽然对手把比分追平，可马涛队有优势，控球时间明显高于对手。

进入加时赛，离比赛结束还有 3 分钟，马涛拿到了球，一路运球过人，准备找机会射门。这个时候，队友发出信号，希望他能传球给自己，可是马涛选择直接射门。意外出现了，马涛发生了失误，不仅没把球踢进球门，还把左脚崴伤了。

借这个机会，对手迅速发起反击。最后，马涛队以 1∶2 输掉比赛，没能进入决赛。下一场比赛，马涛队继续输球，只拿到第 4 名的成绩。按理说，这个成绩在全市来说已经不错了，可问题在于，他们学校是有能力夺取冠军的。

事后教练、队友并没有怪马涛，可是马涛却非常自责，并开始怀疑自己的能力。他的情绪很不好，仿佛看到了老师、同学眼里的失望。他以为父母会安慰自己，可没想到等来的却是父母的埋怨和批评。妈妈唉声叹气地说：“你当时为什么不传球？要是你传球，或许你们学校就得冠军了！”“要知道，若是这次你拿到冠军，升中学会加分的。哎，你就是没那个好运气！”

爸爸也严厉批评他，说：“为什么会失误？还是说明你球技不行！”“这么小的比赛，你都失误连连，还想踢更大的比赛，还想成为足球运动员？我看你别妄想了！”

在父母的埋怨和批评下，马涛丢掉了自信，也没有了踢球的热情。马涛脚伤好了之后恢复训练，可每次到球场练球都没精打采，而且对射门有了心理阴影。最后，马涛退出了足球队，再也没有踢过球。教练和队友都为马涛感到惋惜：“一次失败竟然让马涛变成这样，真是太可惜了！”

毫无疑问，失败+父母的抱怨和指责，就是孩子最大的梦魇。这样的孩子，不要说做事成功，就连乐观健康的生活都几乎成了奢望。

孩子的心是单纯的，思想是简单的，同时他最信任的人是父母，最想依靠的人也是父母。面临失败，他伤心自责，对自己失去信心，这个时候父母给予的却是负面的抱怨、说教和指责，如此一来，孩子失去了最后的一根稻草，又怎么会不自我厌弃？面对失败和受挫，大人都可能失去信心，产生自暴自弃的想法，更何况是孩子？

所以，孩子成功了，父母固然高兴，但是孩子失败，父母也不要抱怨和批评，更不要断言孩子不行，而应该用积极的语言肯定他的努力和付出，保护他的自信和热情。

当孩子做事失败或是遇到挫折时，父母首先要给予安慰和支持，用爱和鼓励引导孩子走出自责、沮丧的情绪，用睿智化解孩子的自卑和自我厌弃。可以这样对孩子说：“失败没什么大不了的，谁都不可能永远成功。”“即便失败了，你也可以吸取教训，然后努力争取下一次成功。”然后指导孩子找到失败的原因，想办法解决问题。

父母还需要让孩子明白一个道理：失败了，并不代表你不行。一次失败，并不意味着你永远会失败。很多时候，当你努力做一件事时，收获的经验和教训，也许比失败本身更有意义。

父母之间沟通好，务必形成教养共识

孩子的成长，离不开父母的共同教育。可似乎很多家庭都面临一个问题，那就是父母在教育理念和方式上很难达成共识。一个逼迫压制，另一个顺其自然，分歧就产生了。一个严厉，另一个溺爱，矛盾就出来了。一个要管，另一个要护，隐患也就埋下了。可以说，这是家庭教育的最大忌讳。

父母需要明白，家庭教育不是哪一个人的事情，因为性格、看法、方式的不同，两个人存在分歧是正常的。但父母意见总是不一致，分歧总是发生，对于孩子的教育来说真不是一件好事。

恰如教育家苏霍姆林斯基所说，父母的教育方式和思想必须保持一致，否则孩子就会感到父母对“可以”“不可以”“应该”“不应该”等概念都有不同的看法，那么，即使其中一方的是最合理的要求，在孩子看来也是暴力、强制的，践踏了他们的自由。

父母的分歧、争执，会让孩子质疑其话语的权威性。当孩子认为父母的话不具有权威时，就不会心甘情愿地接受。尤其是父母一个管一个护的时候，孩子就会因为有了依仗，而变得任性、为所欲为。

夏夏今年 9 岁了，平时性格非常顽劣，淘气、脾气坏，也不好好学习。原因就在于父母平时在教育方式上存在很大分歧，爸爸严厉，妈妈溺爱，爸爸管，妈妈护。每次爸爸严厉地批评夏夏，或是教训一下他，妈妈就不顾一切地护着，情急之下还会和爸爸争吵起来。

夏夏淘气，做错了事，闯了祸，爸爸批评他。妈妈就站出来，笑着说："孩子不懂事，长大就好了。""他知道错了，你就不要再骂了。"爸爸让夏夏罚站，妈妈就找借口为孩子解围："夏夏，你帮我拿下东西！""哎呀，孩子已经站了好半天了，可以自由活动了。"

夏夏玩手机，爸爸对他进行批评教育，说要把手机没收。妈妈便在一旁说好话："你就让他玩玩吧！"夏夏想买昂贵的玩具，爸爸刚严词拒绝，妈妈就偷偷买下来，还让孩子欺骗爸爸。

夏夏平时很懒散，不爱写作业，老师多次找父母说话。有一次夏夏没写作业，却撒谎说忘记带了，老师批评他，他还和老师顶嘴。这次爸爸真的生气了，气得要用尺子打夏夏的手心，可还没来得及打，夏夏就哭闹起来。妈妈立即前来，把夏夏拉到身后，说："你为什么打孩子啊！有话不能好好说嘛！"爸爸坚持要教训夏夏，妈妈也掉下泪来，还说什么"你为什么对孩子这么狠""你要打就打我吧"类似的话，气得爸爸直摇头叹气。

久而久之，夏夏越来越肆无忌惮，想做什么就做什么，不断犯错和闯祸。因为他知道，不管他做什么，妈妈总是能帮助他，爸爸也拿他没办法。

所以，教育孩子时，父母一定要达成教养共识，任何一方批评、管教孩子，另一方都不能出面袒护。即便一方过于严厉，或是批评得不对，也不要直接“唱反调”，甚至争吵。

父母疼爱孩子，这本是毋庸置疑的。但是不管是爸爸还是妈妈，都不应该过于溺爱、袒护，更不能因此阻止或破坏另一方对孩子的教育。否则的话，孩子会利用父母的分歧来操纵父母，甚至可能以此来逃避责任、逃避惩罚。更重要的是，父母在孩子心里的威信就荡然无存了，日后便再也无法教育孩子。

其实小孩是最聪明的，也是最有“心机”的。当他知道父母一方责罚自己，另一方会站出来保护时，便会利用这一点来保护自己。有了依仗，他就肆无忌惮地不听爸爸或妈妈的话，对父母的批评、意见和管教都置若罔闻。

同时，教育孩子时，父母两人应该选出一个主导者。不管是爸爸还是妈妈，确定了谁是第一主导者后，另一方就只能提意见，不能过分干涉。一旦出现了分歧，比如孩子是否报了过多培训班，孩子犯某些错误应该怎么惩罚，是严格要求还是进行散养，父母都应该私下进行沟通，讨论一个切实可行的方法。

说到底，父母耐心沟通，相互支持，相互协作，这才是最好的教育。不当面拆对方的台，不当面与对方争吵，而是保持意见一致，帮对方树立威信，如此一来，对孩子的教育才能更有效，促使孩子在良好的家庭氛围中健康成长。

与其一直谆谆教导，不如时常以身作则

很多父母有这样的烦恼：“孩子出现不良行为，为什么我越教育他，他就越反抗呢？”“不管我怎么说，孩子都听不进去，这是为什么呢？”于是，这些父母开始思考：难道只有打骂才有效吗？

当然不是。对于孩子来说，打骂没效果，反而让他更反叛。其实，孩子愿不愿意听父母管教，愿不愿意改掉坏毛病或是错误，很大程度上取决于父母的方式和态度。父母只是一味地说教，告诉孩子这不对那不对，督促孩子做这个做那个，却始终没有给孩子一个良好的示范。试问孩子如何能心甘情愿接受教育呢？

换句话说，一个自私的父母，想教出一个友爱的孩子，这简直就是天方夜谭。一个要求孩子懂事有礼貌的父母，却在平时行为不端、没有公德，那教育根本无从谈起。这是因为很多时候，孩子可能很难理解你的谆谆教诲，却会积极模仿你的一言一行，孩子可能听不进去你的话，却会把你的每个行为记在心中。

更何况，人们对于说教从来都是非常反感的。尤其是孩子，

当他们发现父母的说教总是千篇一律，发现父母只是对自己说教，并且总是说一套做一套时，心中的反感便会更加强烈。他们会这样想：“你只知道说我，为什么你不去做？”“你自己都做不到，凭什么要求我！”

倩倩 5 岁了，是家里的小公主，备受父母、爷爷奶奶宠爱。正因如此，倩倩有些霸道、自私，不懂得分享和友爱，平时与小伙伴一起玩，几乎从来不分享自己的零食和玩具。倩倩妈妈认为是时候好好教育孩子了，要让她懂得分享和友爱的道理。

在日常生活中，倩倩妈妈总是谆谆教导，说“小朋友不能太自私，要学会分享”“倩倩不能只顾着自己，要学会关心别人”。但是妈妈的话几乎没什么效果，倩倩一句都没听进去。这让妈妈很忧虑，不知道该怎么办是好。

倩倩妈妈又思考了一段时间，决定以身作则，给倩倩做一个好的示范。倩倩一家住在一个家属楼，因为没有物业，打扫楼道就成了大家的分内事。之前，妈妈都是一个人打扫楼道，之后就带上了倩倩，还让她帮忙捡纸屑。

倩倩不明白，对她说：“妈妈，你为什么要扫楼道？这又不是我们家的地方。”妈妈笑着说：“这是公用的地方，我们每天都经过，打扫打扫是应该的。”

倩倩和妈妈在公园里玩，一个小男孩不小心摔了一跤，手、膝盖粘了很多泥土。恰好男孩妈妈的纸巾用完了，倩倩妈妈立即说：“纸巾用完了吗？不要急，我这里有一些。”说完便从包里拿出一包纸巾，让倩倩交给男孩妈妈。倩倩妈妈还笑着说：“这一包你先用着，要是不够的话，我这里还有一包。”

倩倩小声说，“妈妈，为什么把我们纸巾给了人家？”

妈妈说：“这是互相帮助啊！我们是一个小区的邻居，遇到谁碰到麻烦，就应该多帮忙啊！”

之后，倩倩妈妈总是用自己的行动去影响倩倩、教育倩倩，给孩子积极正确的言传身教。一段时间后，倩倩的性格发生了很大改变，成为一个懂得分享和友爱的小公主。

所以说，以身作则真的很重要。父母平时多为孩子做榜样，教育往往就在不动声色中起到了最好的效果。身为父母，想要孩子相信你，你自己必须相信自己；要求孩子做到某事，你自己必须先做到。而且，当孩子做到了，父母应该给予奖励和赞扬，让他明白你对他很满意。

为人父母的要养成良好的行为习惯，比如爱读书、讲礼仪；要时常反省自己，改掉不良的行为，比如不守信、自私。在父母的耳濡目染之下，孩子自然就形成了良好的行为和性格。

为人父母的应该有让孩子崇拜的地方，让孩子以你为荣，可以是勇敢的品质，也可以是直面错误的习惯。当孩子认为“我的爸爸（妈妈）很厉害”时，就会积极地模仿和学习，并且努力成为那样的人。

记住德国哲学家雅斯贝尔斯说的这句话：“教育的本质意味着：一棵树摇动另一棵树，一朵云推动另一朵云，一个灵魂唤醒另一个灵魂。”父母努力成为给孩子带来良好德行、习惯、心态的那个人，那么你的影响将注定深刻而长远。

是沟通，还是较劲？这决定你的说服效果

一位著名教育家说："每个叛逆孩子的背后，都有个不肯长大的父母。这个世界上父母是一个特殊的职业，每个人都是未经培训直接上岗的，所以有的时候我们面对孩子会束手无措，为了孩子，家长应该时刻注意自己的教育方法和态度。"

很多父母时常这样抱怨：孩子性格执拗，非要认死理，什么事情都喜欢和父母"拧着来"。父母说一句，他能反驳三句，句句强词夺理。父母不同意某件事情，他偏偏要坚持去做，非要和父母对着干。于是，父母时常无奈地感叹：现在的孩子怎么这样倔呢？然而这是因为孩子难以说服，还是父母说话方式不对呢？相信读过下面的故事，大家便有了答案。

中学生李强和几个同学约好暑假期间到北京旅行，谁知和父母商量时遭到爸爸的强烈反对。李强耐心地说："爸爸，我已经14岁了，而且有5名同学和我一起。您不用担心安全问题。"

爸爸态度有些强硬，说："北京那么远，你们几个孩子人生

地不熟，大人怎么可能不担心。不行，我不同意。”

看爸爸如此态度坚决，李强有些生气，说：“我们已经做好了攻略，肯定没什么问题的。再说了，我已经和同学约好了，这周末就出发。我不能爽约，否则就是不讲信用的人。你平时不是总教育我要说话算话嘛！”

爸爸脸色变得很难看，生气地说：“不管你怎么说，我都不会同意的。你们才十几岁，独自去那么远的地方，多危险啊！你这孩子怎么不听劝呢？明天我就给那几位同学家长打电话……”

听爸爸这样说，李强情绪更激动了，大声喊道：“哼，你越是不让我去，我就越是要去！看你拿我怎么办？！”

爸爸气坏了，扬起手就要打李强，幸好妈妈及时拦住。就这样，爸爸和李强发生了争吵，沟通也失败了。

其实，这次争吵是完全可以避免的，只是爸爸用错了说话方式。他关心孩子，担心孩子独自外出有危险，便想劝说孩子放弃。但是，一听到孩子反驳自己，爸爸的情绪就失控了，和孩子较起劲来。就这样，沟通变成了较劲，说服变成了争吵，结果自然是双方都不痛快，目的也没有达到。

要知道，孩子已经长大，有自己的思想和想法，尤其是青春期的孩子，更重视自我意见是否被尊重。若是父母态度强硬，一味和孩子较劲，那孩子的态度就更强硬，逆反情绪就更强烈。即便孩子明白父母说的道理，知道父母是为自己着想，恐怕也会较劲到底。可若是父母尊重孩子，好好和孩子沟通，或许就可以轻松说服他。

换句话说，和孩子较劲是起不到任何说服效果的。想要说服孩子听话，父母就应该试着理解他、走近他，好好地和他沟通。

这不，见爸爸说服不了李强，妈妈便出马了。临睡觉前，妈妈走进李强房间，温和地对他说："孩子，你今天不该和爸爸争吵，他也是为你的安全考虑。当然我知道爸爸的说话方式也有问题，我已经和他沟通过了。"

李强低着头没说话。妈妈继续说："虽然你年龄不小了，独自外出也没什么不好。不过，我认为你独自到北京这样的大城市，还是有些欠妥。一是路途太远，二是人生地不熟，三是你们几个小孩不太会照顾自己。你们在北京需要待一周，要是遇到意外情况怎么办？"

"要是你真想去北京旅行，等爸爸妈妈休假再带你去也可以呀。如果你想和同学一起旅行，我们可以和其他家长商议一下，大家来一次家庭旅行。你看看你想选择哪一种，妈妈都支持你。"

经过妈妈的劝说，李强放弃了独自旅行的打算，决定和同学商议几个家庭一起到北京旅行。

目的一致，说话方式不同，效果自然就不同。说服不是争吵，更不是较劲。想要说服孩子，父母就应该好好地和孩子沟通，而不是一看孩子"不听话"就火气上升，和孩子较起劲来。要知道，父母越较劲，孩子情绪就越激动，就越不愿意听你的道理，到头来，说服只能变成争吵。而且，若是父母总与孩子硬碰硬，只能让孩子与自己渐渐疏远。一遇到问题，就火山撞地球，争吵不断。如此一来，何谈说服？何谈沟通？

不管任何时候，做父母的都应该让自己冷静下来，用平和的态度和语气和孩子沟通，动之以情，晓之以理。把命令变成商量，把较劲变为好好说话，你会发现孩子其实没那么不通情达理，更没那么难以说服。

吓唬、威胁，孩子会害怕而不是听话

吓唬孩子，似乎是很多父母的“撒手锏”。当孩子不听话，父母就会说类似的话：“你再这么顽皮，我就不喜欢你了！”“你再哭，我就不要你了！”“你不好好吃饭，我就打你！”……正因为这种吓唬有立竿见影的效果，甚至可以让孩子之后都乖乖听话，所以很多父母很喜欢使用，还有些扬扬得意。

然而，吓唬式教育真的是一把利刃，很容易导致孩子失去安全感，内心充满恐惧、无助和迷茫。当父母说“不喜欢你”“不要你”“把你丢掉”的时候，孩子的内心是非常恐惧、茫然无助的，能做的只有“乖乖听话”，以便希望父母不再讨厌自己、不会丢下自己。这是因为孩子年龄还小，生理和心理还未发展成熟，不知道父母说的话是真是假，承受能力也远远不及大人。

久而久之，孩子会一直生活在恐惧中，因为担心被父母讨厌、被父母抛弃而变得焦躁不安。同时，孩子会压抑自己的需求，收起自己的脾气，成为一个“乖孩子”。可是他的乖，不是因为听话懂事，不是因为明白了父母说的道理，而是因为内心的害怕。

小小是个淘气的小女孩，活泼顽皮，精力旺盛，中午几乎不怎么睡午觉，不管妈妈怎么哄怎么劝就是不愿意睡觉。小小妈妈每天很疲惫和烦躁，可又无可奈何。一天中午，妈妈耐心地哄小小睡午觉，可小小总是翻来覆去，还嚷嚷着要到外面玩。

情急之下，小小妈妈说："你再不睡觉，我就不喜欢你！我把你送给楼下小卖铺的老板，不做你妈妈了！"

小小一下就急了，哭着说："不要，我不要老板，我要妈妈！"

妈妈假装生气说："那你好好睡觉，你睡觉，我就不把你送人！"

听了妈妈的话，小小立即乖乖闭上眼睛，不一会儿就睡着了。小小妈妈心想：原来只要一吓唬，孩子就这么听话啊！之后，小小妈妈时常拿这个"撒手锏"对付小小：小小不愿意睡觉，妈妈就假装生气："你不睡觉，我就不喜欢你了！"小小因为要吃糖果而哭闹，妈妈吓唬她："你是要糖果，还是要妈妈？！"小小在游乐场不愿意回家，妈妈做出要走的架势，还说："那你自己在这里吧，我不要你了！"

一开始，小小妈妈因为孩子变得听话而高兴不已，可慢慢地，她就高兴不起来了。她发现小小越来越胆小，外出时不愿离开妈妈一步，而且变得很敏感，妈妈说话稍微一大声，小小立即动也不敢动一下。更为严重的是，小小时常做噩梦，一边哭一边小声说："妈妈，别不要我……"

看到可怜的小小，身为父母的你是不是鼻子一酸？事实上，很多父母习惯吓唬孩子，可对于吓唬的后果却很少思考，甚至从未意识到这样做会给孩子带来什么伤害。

除了上述的吓唬方式，一些父母还会采用类似的吓唬：“快睡觉，不睡觉的话，大灰狼就把你吃掉！”“你要听话，不听话的孩子会被坏人带走！”“再哭，你就到小黑屋罚站！”“再吃糖，你的牙就掉光了！”……面对类似的吓唬，孩子的内心会被恐惧占据，时刻担心可怕的事情真的会发生。慢慢地，孩子会变得性格胆小懦弱，还可能会遗尿、失眠、做噩梦，严重影响身心健康发展。

父母给予孩子的应该是爱，应该是内心的滋养。你爱孩子，却为了自己的目的，忽略孩子的感受。你爱孩子，却没有把孩子当作完整的个体。这算是真正的爱吗？！当然不是！在孩子的童年里，渴望父母的爱和照顾，渴望父母给予自己安全感，而你却用那些吓唬式的话语在他的心里种下了恐惧的种子。

所以，父母千万不要因为想让孩子听话就随意吓唬，即便孩子哭闹、无理取闹也不能采取这种方式。与孩子沟通时，父母要花时间了解孩子的内心，知道他想要什么，了解他为什么会哭闹。与孩子沟通时，父母要多对孩子说“我永远爱你”“你是我最珍贵的宝贝”。在爱的浇灌下，孩子自然就更好沟通，更愿意听话了。

第2章

成长的伤疤

——不好好说话，对孩子的伤害到底有多大

语言可以让一个孩子生机勃勃，也可以让一个孩子萎靡不振，可见语言暴力的危害性有多大。然而可悲的是，一些父母却把一句句伤人的话抛给自己的孩子，让他承受最信任、最亲密的人的伤害。

痛点，孩子不可承受的语言暴力

有时一句话可以成就一个人，有时一句话也可以毁掉一个人。父母的语言更是如此，父母无心的一句夸奖或赞扬，可以成就孩子一生的优秀；父母无心的一句责骂或贬损，可以毁掉孩子一生的美好。

不要以为只有行为的暴力会伤害孩子，事实上，语言的暴力对于孩子的伤害才是致命的，是幼小的孩子不可承受的。更要命的是，身体的伤害可在短时间内康复，让孩子忘却，可语言上的伤害却长时间存在，并且慢慢地积累着。

语言暴力包括很多方面，包括口无遮拦地责骂：“你给我滚一边去！我看见你就烦！”讽刺和挖苦：“你这么笨，怎么是学习的料！”不分青红皂白打骂：“你又怎么了，为什么又哭闹？”贬损和辱骂：“你笨得就像一头猪！”否定和打击：“你什么都做不好，简直就是一无是处！”随意地迁怒：“这都怨你！”……

对于父母来说，说一句话或许只需十几秒，但对于孩子来说，伤害却贯穿一生。蒙台梭利就曾经说，每种性格缺陷都是由儿童早期经受的某种错误对待造成的。承受语言暴力的孩子，容易产生这几种心理问题：自卑、懦弱、没主见；孤僻、敏感、情绪化严重；暴躁、叛逆；极度没安全感，情绪长期处于紧绷状态；等等。

这样的孩子没有安全感，变得压抑、敏感，对父母有着一种本能的排斥。即便长大后，心理创伤也很难康复，不知道如何和别人相处，很难结交到好朋友。

一位中学生在网络上求助：父母的语言暴力已经让我崩溃。我自卑敏感，很容易被别人的一句话刺激到，然后情绪暴躁。更可怕的是，他发现自己也受到了影响，学会了父母的语言习惯。

这位中学生述说着自己的经历和感受，文字中透露出悲伤、无助和彷徨。其中两个事件让人印象深刻：之前他学习还算不错，成绩总是排在前十名，亲友聚会时，亲戚总是夸奖他。虽然大家都知道这是一种客套，有的父母可能会谦虚一些，有的父母可能会得意一些，然而他的父母却充满了嫌弃。每次父母都嫌弃地说："就他那成绩还算好，也就算凑合吧！""哎，这个孩子也就学习还行，其他的事情什么也做不好。"

父母的嫌弃和贬损，伤害了中学生的自尊心，让他在亲戚面前抬不起头来。他不明白父母为什么看不起自己，之后他开始习以为常，变得不再自信、不再努力，而且在情感上开始与父母拉开距离，不再愿意与父母亲近。

还有一件事：中学生每年都会收到一些压岁钱，父母总是说帮他存起来，还给他办了一张储蓄卡。一天，几个同学讨论父母花光孩子压岁钱的事情，都说大人就是"大忽悠"，名义上说帮孩子存钱，实际上都自己花掉了。晚上吃饭时，他询问妈妈："妈妈，我从小到大的压岁钱你都给我存着吗？”

妈妈迟疑了下，问：“嗯，怎么了？”

他半开玩笑地说：“大家都说父母最会骗人，把孩子的压岁钱都花光了，却骗孩子说存起来了！”

听了这话，妈妈非常愤怒，大声骂道：“你这个忘恩负义的东西，竟然和我算账了！我把你养这么大，花了多少钱，你知道吗？！你的钱就是我的钱，我都花光了又怎么了？！要是知道你这么没良心，我就不该生你！”

中学生愣住了，没想到妈妈会如此责骂自己，“忘恩负义”“没良心”“我就不该生你”这些话在他的脑海里盘旋。可是他不敢说什么，只能含着眼泪吃饭。

接下来，妈妈好像还不解气，继续骂道：“你还有脸哭？！看见你就生气，快滚一边去！”

或许这位中学生的父母没有意识到这是语言暴力，但不可否认，他们毫不留情的责骂、贬低、口无遮拦，让孩子受到严重的心灵伤害。对于孩子来说，语言暴力就是一生不可承受的伤害，即便长大后，仍摆脱不了父母荼毒式的语言，仍抗拒让父母靠近自己。

所以，亲子沟通中，父母一定要学会好好说话，温柔说出爱的话、关心的话、鼓励的话，平和地说出批评的话、引导的话，而不是满口都是指责、嘲笑、否定、数落、抱怨，甚至是侮辱。

指责、否定的话不说，孩子就不会自卑、懦弱；嘲笑、侮辱的话不说，孩子就不会没有安全感；数落、抱怨的话不说，孩子就不会自责愧疚，更不会背上沉重的心理负担。

你的无心之言，可能已经成为孩子的成长灾难

在日常生活中，有些父母时常口无遮拦地骂孩子：

“我不要这么不听话的孩子，现在你赶紧滚出去！”

“我的脸被你丢尽了，你还有脸哭！”

“别在我眼前晃！滚！”

“看我不打死你！”

……

说出这些话的父母，真的不爱自己的孩子吗？他们说出这样的话，真的是有心伤害孩子吗？当然不是！

当父母说这些话时，可能只是一时气急，事后也觉得自己说话过分。然而我们都知道，这些所谓的无心之言，却成为孩子成长过程中的一根刺，深深地刺进了孩子的心，而且很长时间内都拔不出。

只要父母看看孩子的情绪变化，就知道这伤害究竟有多大。孩子低着头，只能无声地哭泣。他自卑，否定自己，他认为父母不爱自己，甚至痛恨自己。时间长了，孩子内心非常痛苦，性格

变得敏感，内心变得脆弱，甚至还会抑郁。这是因为孩子的内心是非常脆弱和微妙的，心里的是非标尺也是非常鲜明的。他们时常会根据别人的话语来判断和定义自己的价值，然后按照那个方向来发展自己。

琳琳是个12岁的女孩，聪明、漂亮，而且很乖巧懂事，但是她却比其他孩子多了忧郁、自卑，做什么都畏手畏脚。她不愿意和同学来往，更不愿意表现自己，好像是一个孤独的存在。老师看出了琳琳内心的敏感，和她进行了几次谈话，希望能改善她的情况。

最后一次谈话，琳琳说出了心里话，她对老师说："老师，我的心很累。我不知道妈妈为什么不爱我，不知道她为什么如此痛恨我。"

说这些话时，琳琳伤心地低着头，两只手紧紧握在一起，眼里满是泪花。老师安慰她说："好孩子，哪有父母不爱自己的孩子呢？你要相信，你的妈妈肯定是爱你的。"

琳琳大声地反驳："不，她不爱我！要不然她怎么忍心说那些伤害我的话！"琳琳情绪崩溃了，述说着从小到大的感受和经历。

小时候，琳琳和小朋友发生冲突，手臂被小朋友咬了一道牙印，痛得她直大哭。妈妈不仅没安慰她，反而生气地骂道："就知道哭，笨死了！人家欺负你，难道你就不知道还手吗！"琳琳拿水杯喝水，不小心打碎了水杯，差点被热水烫到。妈妈闻声赶过来，一边打扫碎玻璃一边责骂："你这死小孩就知道惹祸，还站在那里做什么，还不滚一边去！"

上小学二年级，爸爸和妈妈因为一点儿琐事吵架，爸爸随手打破一个水杯，然后就摔门离开了。妈妈把怒火发泄到琳琳身上，说她和爸爸就知道气人，自己是倒了霉才会遇到他们。妈妈越说越生气，大声骂道："你也滚！你们最好都别回家！"然后就进入房间不再理琳琳。

琳琳很伤心，可还是懂事地收拾碎玻璃，为了讨好妈妈，她还第一次学着做饭。她回忆着妈妈蒸饭的步骤，洗米、蒸饭、切菜……可不到10岁的孩子，哪会切菜和做饭？！琳琳不小心切到手，鲜血顿时流了出来，吓得她大声哭起来。妈妈看到之后，火气更大了，又开始发起脾气，"你要做什么？你不气死我不甘心吗？！"

琳琳想要辩解："我想给你做饭……"

妈妈打断她："你会做什么饭？！这么笨，还不够添乱的！快一边儿去！"

……

听了琳琳的话，老师感到很无奈。她想对琳琳说妈妈是爱你的，可此时她感觉语言是那样苍白无力。

我们看到，琳琳妈妈脾气暴躁，时常因为控制不住怒火口无遮拦。或许琳琳妈妈只是想发泄一下，但是她不知道这些无心之言在琳琳心上刻上了深深的烙印，并且把爱心完全地抹杀掉了。

我们需要知道：伤人的话，即便是一句无心之言，对别人的伤害也是巨大的。就算你道歉了，伤害可能也是无法抵消的。所以，父母应该控制自己的情绪，不要因为坏情绪而口无遮拦，更不要迁怒于孩子。即便孩子真的犯错，真的表现不好，父母也不要随意责骂孩子，说出类似的“你还有脸哭！”“你给我滚！”等。我们大人都承受不住别人的责骂，更何况是一个心智还不成熟的孩子。

不管有多生气，父母都应该好好说话，最好是说话前思考10秒钟。别小看这10秒，它可以让你冷静下来，把那些不好的话语拦住，然后说出正面积极的话语。同时，父母还应该多一些耐心，不要不分青红皂白就骂孩子，更不要随意骂出难听的话。

当你管好自己的嘴巴，同时传递给孩子积极正面的信息，孩子自然就会展现出各种积极和美好。

为什么明明深爱孩子，我们却总是出口如刀

孩子总是希望能听到父母赞扬、肯定的话，在他们心里这就是父母爱自己、信任自己的表现。然而很多父母习惯讽刺、挖苦孩子，语气中尽是嘲笑、泼冷水：孩子想学舞蹈，父母随口就说："你还想学舞蹈，笨手笨脚的，哪是学舞蹈的料！"孩子犯了错，父母一脸严肃："什么事情都做不好，你说你怎么那么蠢！"孩子考了不错的成绩，兴奋地拿着成绩单回家，父母却说："这就开始扬扬得意了，你的成绩和人家第一名还差得远呢！"

美国一家调查机构曾经对 1 万名 0~10 岁的儿童进行过长时间的跟踪调查，最后发现对幼小心灵伤害最大的是来自父母的"语言伤害"，包括责骂、痛斥、嘲讽、讥笑以及挖苦。所以，在与孩子沟通时，父母应该注意说话的方式，不要随口说出讽刺、嘲笑的话来。

这些讽刺、嘲笑、挖苦就像是一把把利箭射向孩子，箭箭都射中孩子的自尊、自信，让孩子倍感羞辱、自卑。这些讽刺、嘲笑、挖苦就好像是一道鸿沟，把父母和孩子远远隔开，并且使得彼此

的距离越来越远。

秋秋不喜欢和妈妈交流。按理说女孩通常和妈妈亲，秋秋却恰好相反，有什么事情宁愿和爸爸说也不愿意和妈妈说。原因很简单，秋秋从小到大，妈妈似乎除了嘲笑、挖苦，好像就没怎么夸奖和肯定过她。

小时候，秋秋喜欢唱歌，心情愉快的时候便会哼唱几句。每当这个时候，妈妈便会嘲笑她，说："就你这个公鸭嗓还唱歌呢，真是太难听了！快别唱了，我都担心邻居被吓到！"开始秋秋很不服气，大声反驳："我唱歌怎么难听了？！"妈妈继续笑着说："就是难听啊！我听着就像是鸭子叫！"

秋秋学习成绩还算不错，可一直都没进过前五名。三年级期末考试，秋秋拿到了好成绩，英语成绩第一名，总体成绩第三名。拿到成绩单，她兴高采烈回到家，想和妈妈分享自己的喜悦："妈妈，我考试拿到了第三名，而且英语还是第一哦！老师专门表扬了我，说我进步非常大……"

秋秋话还没说完，妈妈便语带讽刺地说："呦，太阳从西边出来了吗？你还能考入前三名，真是不简单呀！"

秋秋不明白为什么妈妈总是讽刺和嘲笑自己，慢慢地，她便不再愿意和妈妈说话了。可秋秋妈妈还没有意识到自己的问题，时不时嘲笑、讽刺孩子几句，时间长了，秋秋和妈妈的关系越来越疏远，并且性格变得越来越自卑和敏感。

谁也不喜欢被嘲笑、挖苦，孩子也是一样。对于孩子来说，他宁愿被仙人掌刺伤，也不愿意听到父母的讽刺和嘲笑。即便你是开玩笑，也最好不要说出嘲笑和否定的话，即便孩子再不好，最好也不要语带讽刺和挖苦。孩子心智不健全，无法确认父母的话是真是假，更无法从负面语言的影响中轻松走出来。如果父母用“你真笨”“你唱歌像鸭子”来嘲笑孩子，孩子便会不知不觉“迎合”父母的评价，并且在心里给自己一个定义：我是笨的孩子；我唱歌像鸭子叫一样难听。

另外，父母的挖苦和讽刺很容易让孩子产生自暴自弃的心理，如果父母讽刺说“你还能拿98分，真是太阳从西边出来”“你都会做家务了，我没看错吧”，孩子便会感觉自尊心受到深深伤害，不再努力、不再尝试。

我们相信，那些语带讽刺、嘲笑的父母是爱孩子的，本意并不是伤害孩子，然而事实就是如此，这些话语最终让孩子失去了自尊和自信，幼小心灵遭受严重的伤害。既然你爱孩子，为什么话里话外都是负面的信息呢？

在亲子关系中，爱是联结彼此感情的必要因素，但是真正的信任、亲昵、沟通需要彼此用心来维持和经营。当孩子做一件事时，父母应该多鼓励、多赞扬，让孩子知道他是很棒的。当孩子有进步时，父母更应该表扬和肯定，让孩子知道父母看到他的努力和进步了。当孩子“犯傻”的时候，父母也应该给予孩子期许和引导……

无论如何，父母都应该抛弃讽刺、嘲笑和挖苦，学会和孩子正向沟通，给予孩子肯定和欣赏，如此一来，说话的效果会大不一样。

不问青红皂白，逮住就骂，孩子很受伤

亲子沟通中，最忌讳的一件事情是：父母不问青红皂白就骂孩子。很多父母认为，孩子做错了事情就应该挨骂，不挨骂就不长记性。也有些父母认为，骂孩子是无奈之举，但完全是为了孩子好。

诚然，没有哪个小孩没挨过骂，不是有一句话说嘛，“不挨骂，长不大”。小孩犯了错或做了过分的事情，挨骂也是正常的事情。然而，若父母总是不问青红皂白就骂孩子，比如孩子哭闹，父母不询问理由，不关心孩子是否哪里不舒服，便责骂孩子爱哭、不听话。再如，姐姐和弟弟发生矛盾，弟弟前来告状，父母不问谁对谁错，上来就骂姐姐不听话、欺负弟弟……渐渐地，孩子就会对父母产生反感，内心滋生对立和反叛情绪。更为严重的是，孩子可能会憎恨父母，不再愿意和父母沟通和亲近。

这也就是很多父母疑惑的为什么他们关心孩子，也和孩子沟通，可孩子依旧和他们距离很远。其实光沟通是不够的，父母需要好好和孩子说话，孩子犯了错，需要询问为什么犯错，孩子出了问题，

需要查清出问题的原因是什么。你什么都不做，上来就劈头盖脸把孩子骂一通，孩子怎么可能不产生消极情绪？

婷婷妈妈习惯不问青红皂白就骂孩子，自认为孩子做了什么错事，或是听别人说孩子闯了什么祸，便马上大发雷霆。

一天，姑姑到婷婷家做客，妈妈嘱咐婷婷带着妹妹一起玩，把玩具和零食分享给妹妹。不一会儿，婷婷和妹妹来到客厅，婷婷有些不高兴，妹妹低着头不说话。妈妈以为婷婷欺负妹妹，便骂道："婷婷，你是不是欺负妹妹了？"

婷婷委屈地说："没有，是她把我的娃娃弄坏了！"

妈妈生气地责骂："你怎么这么小气？！妹妹好不容易来家里玩，又不是故意把玩具弄坏，你就欺负妹妹吗？"

婷婷更委屈了，大声反驳："我没有！我没有！是她弄坏了我的娃娃，你为什么要骂我？！"

见婷婷如此"不听话"，妈妈更加生气了。她把婷婷拉到一边，说："你太不听话了！现在我罚你到墙壁那里反省，什么时候反省好了再过来！"

这个时候，妹妹说话了，"舅妈，姐姐没有欺负我，你不要骂姐姐！是我弄坏了姐姐的娃娃，姐姐还安慰我说没关系……"

听到妹妹这样说，婷婷再也忍不住地哭了起来。而妈妈则尴尬地说："有什么好哭的？你这孩子也不早说清楚！"

还有一次，奶奶来婷婷家住一段时间，妈妈买了很多水果和蛋糕，让婷婷好好招待奶奶，自己一个人去做饭。做完饭后，妈妈看到婷婷正在吃她最爱吃的葡萄，奶奶还一粒一粒地给她剥皮。妈妈马上就数落起来："你这孩子真不懂事，就知道自己吃东西，还让奶奶给你剥皮！你怎么那么馋、那么懒啊！”

听了这话，奶奶赶紧解释：“你误会孩子了！我已经吃了苹果和葡萄，是婷婷给我剥皮的。婷婷很懂事，只是我最近血糖有些高，不敢吃太多甜的东西……”

看吧！婷婷妈妈再一次冤枉了婷婷，没有问清事情缘由就骂了她。类似的事情并不少，这给婷婷心理造成了很大伤害，与妈妈的关系越来越疏远。同时，婷婷变得开始叛逆，从之前懂事、乖巧的女孩变成孤僻、逆反的孩子，时常故意和妈妈作对。

要知道，良好的亲子沟通，隐藏着孩子美好的未来。反之，父母不关心孩子，不懂得关注孩子的感受和行为，将一步步把孩子的美好未来摧毁。无论父母多有道理，不问青红皂白就骂孩子，这也是说不通的。

聪明的父母应该认识到，与其动不动责骂孩子，不如多了解孩子，多和孩子沟通。遇到什么事情，多给孩子解释的机会，询问出了什么问题，责任究竟在谁？若是孩子真的犯了错，父母也应该问清孩子究竟为什么会犯错，是无心之失还是有意为之。

同时，父母应该心平气和地和孩子交流，批评他的错误，和他讲道理，并且引导他进行自我反省。若是孩子犯的错比较严重，父母应该严格管教，但不要呵斥打骂。

孩子需要尊重、鼓励，需要被公平地对待，让自己的语言充满爱、理解和尊重吧！如此一来，孩子才能更加积极、乐观、向上，亲子关系才能越来越和谐。

从小被父母贬损、辱骂的孩子，后来都怎么样了？

很多父母爱对孩子说类似的话：“这么大了还哭，真是太丢人了！”“什么也做不好，你就是笨蛋！”“我怎么生了你这个废物！”“你怎么不去死！”……

很显然，这些语言就是贬损和辱骂，就是对孩子在施加语言暴力。可悲的是，对孩子进行贬损、辱骂的父母并不在少数。有研究指出，中国有67.1%的父母曾在情感上虐待孩子，贬损、羞辱就是最普遍的表现之一。

西西是一位中学生，成绩不算很好，但很努力。然而她的努力父母却看不到，甚至毫不在意。每次考试后，父母便大声辱骂西西：“你居然才考了80分！真不知道，我怎么生了你这么个废物！”“你看看这道题，这么简单都做错，你是猪吗？”

每次西西犯了错误，父母便气急败坏地指责：“我怎么生出你这个又蠢又丑的笨蛋？！真是太气人了！”“什么都做不好，你就是一个笨蛋！”

听着父母的责骂，西西总是情不自禁地掉眼泪。这时候，父母更不耐烦了:“你还有脸哭！我要是你，都没脸去上学！你看看，你们班谁像你这么笨！”

诚然，西西不聪明，但是即便父母再责骂也无济于事，反而让孩子更否定自己，越来越自卑。语言的杀伤力是巨大的，尤其父母的贬损、辱骂，对孩子来说，杀伤力可以是致命的。

可很多父母认为自己的孩子，可以随意打骂、指责，自己的孩子犯了错或是表现不好，可以尽情打压和羞辱。这些父母忘了，孩子也有自尊心羞耻心，且比大人更强烈。那些贬损、辱骂，一句句进入孩子的耳朵，最后在那幼小的心灵上留下一道道伤疤。而且孩子年龄还小，心理承受能力没有那么强大，几乎很难平复那些伤疤。

当父母说孩子“笨蛋”“愚蠢”的时候，孩子会相信自己就是笨蛋、愚蠢的人。当父母对孩子说“你去死”“赶紧滚蛋”的时候，孩子会相信，父母对他厌恶至极，自己“应该去死”。从那时起，孩子的自尊就被最亲的人踩在脚下，未来和人生也就彻底被毁掉了。他几乎很难走出心理阴影。

就像心理学家苏珊·福沃德在《中毒的父母》中说过的那样，小孩是不会区分事实和笑话的。他们会相信父母说的有关自己的话，并将其变为自己的观念。

换句话说，那些从小被父母贬损、辱骂的孩子尊严扫地，难以自信积极地面对自己、人或事。或许，他们只能在恨中长大，然后走向两个极端：一是消极、懦弱，用恨来伤害自己；一是偏执、无情，用恨来伤害他人。

曾经看过国外两则令人心痛的新闻。第一则新闻：一位父亲性格暴戾、无知，每天辱骂十多岁的儿子，说他“孬”“没用”“废物”。一天，他依旧肆无忌惮地辱骂，并把手枪放在柜台上，对孩子说：“有种的话，你就别活了！”

他以为孩子会继续忍耐，结果孩子毫不犹豫地拿起手枪，对准自己的太阳穴，开枪自杀了。就这样，一个十几岁的孩子，死在了父亲的辱骂之下。

第二则新闻：一名女孩长期遭受母亲的谩骂、侮辱，即便成年后仍是如此。她软弱、忍耐，以为结婚之后便可以逃离伤害。可没想到，母亲的语言暴力犹如梦魇一般让她难以逃离，结婚后，还把那些侮辱性语言用在自己的女儿身上。

她陷入了恐惧和偏执，竟然亲手杀害了最亲爱的女儿。因为在她看来，这才是拯救女儿，才能避免女儿遭受母亲伤害，重蹈自己的覆辙。

悲剧的发生，源于语言的伤害，这不得不说是作为父母的悲哀。

《荀子·荣辱篇》说：“故与人善言，暖于布帛；伤人之言，深于矛戟。”这句话的意思是对人说好听的话，比冬天穿棉袄还令人暖和；对人说不好听的话，比用长矛造成的伤害还要深。后来，这句话慢慢地演化，就变成了我们熟悉的“良言一句三冬暖，恶语伤人六月寒”。

所以，身为父母如果你爱孩子，那就好好和孩子说话，千万不要随意贬损和辱骂。换一种沟通方式，即便孩子存在缺陷，或是犯了错，也尽量多用肯定、鼓励、赞扬的语言，如此一来，孩子的成长才是健康的、良好的。

爸妈满口脏话，孩子一定会被同质化

不少孩子爱说脏话，不管在家里还是学校一生气或着急便说脏话、爆粗口。这个时候，很多父母会选择教育、指责、命令，甚至打骂孩子，却发现效果并不明显。于是，这些父母陷入了焦虑和无奈，不知道该怎么管教孩子。

其实，这些父母不知道，问题的根源就在他们自己身上。

孩子的成长过程中，接触时间最长的是父母，受影响最大的也是父母。很多时候，小孩就是父母的缩小版，我们仔细观察就会发现，懒散的小孩，身后一定有一个懒散的爸妈，爱艺术的小孩，父母其中一位一定有着艺术细胞。同理，那些张口就骂人、满嘴都是脏话的小孩，必定是在日常生活中被父母同化了。

很多父母花费心思教育孩子，希望他有礼、有节、有爱、有才，可偏偏不注意自己的一言一行，不知道自己的一言一行才是对孩子最好的引导和教育。

小睿是个小正太，帅气、干净，让人第一眼就喜欢。可他一开口说话，形象就大打折扣了，让人再也喜欢不起来。小睿平时脾气不太好，一生气就满口脏话，什么“笨蛋”“狗屎”“傻×”“你×的”等污言秽语张口就来。

听了这些脏话，身边的大人直皱眉头，不敢让自家孩子和小睿一起玩。学校老师也多次和小睿父母反映，希望他们能多引导和管教，帮助孩子改掉说脏话的坏毛病。小睿父母觉得很丢脸，也感到很头疼，每天都耳提面命，可结果并不理想。

一日，小睿和同桌发生了矛盾，不仅胡乱骂人，还动手打了人。无奈，老师只好请来小睿爸爸，希望能和他好好沟通沟通。小睿爸爸进入办公室，就看见小睿梗着脖子站在那里，眼睛还瞪着与自己发生冲突的同学。

小睿爸爸先和老师、同学家长道歉，然后严厉地说：“说，你为什么又打架骂人？！”

小睿大声说道：“就怪那个笨蛋，是他先惹我的！×的，要是他不惹我，我能打他吗？”

看小睿这样，爸爸不由得来了脾气，也骂道：“小兔崽子！你还不服气！看我到家不打断你的腿！滚！还不给人家道歉！”

小睿爸爸的话让老师愣住了，站在那里不知道说什么。

之后，老师送走了那个同学和家长，把小睿爸爸留住。老师语重心长地说：“小睿爸爸，我希望你能思考一下，小睿为什么爱说脏话。孩子不管说什么做什么，真的有父母的影子。我们想要教育好孩子，最好还是应该注意自己的行为。你说呢？”

没错，这位老师指出了问题的关键。小睿说脏话，就是因为他有样学样。在教育孩子时，小睿爸爸出口成“脏”，所以尽管他一再强调“你不许说脏话”“你不能骂人”，结果还是同化了孩子。

教育家苏霍姆林斯基曾经对人们说，不要以为只有你们同孩子谈话和教导孩子、吩咐孩子的时候，才是在教育孩子。在你们生活的每一瞬间，甚至当你们不在家的时候，都是在教育孩子。你们怎样跟别人说话，怎样对待朋友和仇敌，怎样笑，怎样读报……所有这一切，对孩子都有很大的教育意义。

你习惯了满口脏话，遇到不顺心或是被别人冒犯，不顾孩子就在身边，随口就骂人。你从不控制自己的情绪，看到孩子犯错，就劈头盖脸一通臭骂，“笨蛋”“蠢猪”等污言秽语随口喷出。

也许你以为这样解气了，却没有发现这些脏话严重污染了孩子的语言环境，给孩子的成长和心理都带来了很大的伤害。更为重要的是，一张白纸似的孩子，就因为模仿你、学习你，成为满口脏话、毫无礼貌的“熊孩子”。到那个时候，痛心、后悔，恐怕为时已晚。

尤其孩子还小时，他们没有是非观念，也没有辨别能力，很容易就模仿和学习家长。一旦模仿了，学习了，且形成了习惯，再引导和教育就难上加难了。

所以，如果你发现自家孩子爱说脏话，赶紧回头看看自己，反思自己是否也如此。如果答案是肯定的，请立即改掉这个坏习惯，否则就会被孩子无意识地模仿、复制。

当然，一个习惯形成后是很难在短时间内改掉的，要不然，它也不会称为习惯。若是在改变坏习惯时，你不小心说了脏话，也不要掩饰和逃避。坦然地和孩子道歉，解释自己的错误行为，效果也会很好。同样的道理，孩子在改变坏习惯时，不由自主脱口说出脏话，父母也应该谅解，给予孩子宽容和鼓励。如此一来，孩子改变自己的动力才会大大提升。

父母的迁怒，对孩子只有伤害

每个人都有情绪不好的时候，情绪不好，心中燃起一股无名之火，看谁都不顺眼。若是恰好这时身边人说了错话、做了错事，即便是小小的、不值一提的事，也会大发雷霆，直到把心中的怒火发泄完为止。

这就是迁怒。不善于控制情绪的人，很容易迁怒于人。而迁怒的对象往往是与自己最亲密的人，如父母、爱人、孩子。最容易迁怒于孩子的人，就是父母。父亲工作不顺利，遭到老板批评，回家便把火气发泄到孩子身上；母亲和朋友攀比，嫉妒人家买好车、到处旅游，也把火气发泄到孩子身上；父母因为琐事吵架，彼此心里都不痛快，于是孩子又无辜受到波及。

结果是，大人的愤怒、委屈、憋屈得到了宣泄，但是孩子内心受到很大伤害，他没有迁怒的对象，没有地方可以宣泄，心里留下了阴影。

一位职场妈妈每天都要忙工作，回到家还要接 2 个孩子放学、做饭、打扫卫生，可以说是身心疲惫。最近，这位妈妈正在竞争部门经理的职位，本以为升职的希望很大，可因为竞争对手背后搞小动作而失败了。她又郁闷又愤怒，委屈和怒气无处发泄。

下班回到家，她还不得不接孩子、做饭。做饭期间，孩子爸爸回来了，上来就大声抱怨："今天做饭怎么这么晚？到底什么时候能做好，我都饿死了！"听了这话，这位妈妈怒火一下就上来了，大声说道："你整天除了工作什么都不管，还这么多抱怨！要是你有不满，就自己做饭！"

被妻子数落了一顿，孩子爸爸没说什么，放下衣服和包后在沙发上看手机。没过一会儿，这位妈妈做好饭，看见孩子爸爸在沙发上看手机，两个孩子在打闹，把客厅弄得乱七八糟，火气更大了："你们在做什么？！我每天都忙得要死，你们却只会添乱。大的什么也不管，小的只会捣乱，真是气死我了！"

孩子爸爸赶紧放下手机，开始收拾餐桌、拿碗筷，准备吃饭。而孩子被骂得一头雾水，完全搞不清状况，在爸爸的提醒下才赶紧洗手准备吃饭。

吃饭期间，顽皮的小儿子不愿意吃蔬菜，妈妈烦躁地对着他大叫："快吃！"可小儿子依旧顽皮地把妈妈给夹的蔬菜挑出来。接下来，大儿子也出了状况，不小心把汤弄洒了。这下，这位妈妈的怒火升到了顶点，大声地对大儿子说："你在做什么？！不好好吃饭，就给我滚到一边去！"孩子被吓得打战，眼泪顿时就流了下来。

就这样，这位职场妈妈因为职场事宜迁怒于人，无辜的大儿子成为最后的受害者，可实际上他根本就没做错什么。

不妨回想一下，身为父母的你是否也有迁怒孩子的时候？其实，很多父母迁怒孩子后会后悔，会自责，然后会安抚孩子，或是给予孩子物质上的补偿。但是这并不能给孩子带来安慰，孩子会感到茫然，尤其是年龄小的孩子，他不明白父母为什么一会儿发火，一会儿又讨好自己。时间长了，孩子就会受到很大影响，也会变得喜怒无常。

而且，父母的迁怒很容易滋生孩子的自卑、胆怯心理，孩子不知道自己做错什么，不知道为什么明明自己没错却被父母责骂，久而久之，孩子就会产生自我怀疑，父母一不开心或生气就会产生类似的想法：我是不是做错了？父母是不是不喜欢我？我是不是很糟糕？在这样心理的影响下，孩子会变得唯唯诺诺，不管做什么事情都看父母脸色，不敢和父母交流，更不敢提出不同的意见。

孩子的心灵是脆弱的、敏感的，需要父母的爱和呵护。而且，孩子并不是你情绪的发泄品。身为父母应该学会控制和调节自己的情绪，工作上的麻烦，可以和朋友倾诉，可以和爱人交流；家庭里的琐事和矛盾，可以平和地进行沟通。

合理、积极地宣泄自己的不良情绪，善待和孩子的相处时间，如此，孩子才能更积极乐观、情绪稳定。

第3章

习得同理心

——以孩子的心情考虑问题，是亲子有效沟通的前提

做人要有同理心，不管是孩子还是父母，同理心都是沟通的最佳工具。父母缺少同理心，就难以体会孩子的想法、做法和对事情的看法。如果孩子缺少同理心，就无法理解父母的良苦用心，在被父母说教、管教的时候容易仇恨父母。所以，父母尊重孩子，孩子理解父母，这样亲子沟通才能顺利。

孩子最渴望来自父母的"心有灵犀"

总听到很多父母抱怨孩子不愿意和自己交流，不管什么事情，宁肯和外人去说，也不愿意告诉父母。其实，人都是喜欢分享的，不管是高兴的事还是悲伤的事。

那么，究竟是什么阻碍了孩子与父母的沟通，让他们不愿意把父母作为"分享"的对象呢?

这个问题的答案其实很简单，孩子之所以拒绝与父母"分享"，是因为他们无法从父母那里得到理想的反馈。

这样说很多父母可能不明白是什么意思，那么不妨一起来听一听谭女士的故事，或许我们能够从中得到一些启发。

谭女士的女儿媛媛今年刚上初一，丈夫因为工作关系经常出差，家里大小事务，包括女儿的学习和生活，基本上都是谭女士在操心，她时常打趣，说自家差不多赶上传说中的"丧偶式教育"了。

虽然在生活中，谭女士陪伴女儿的时间要更多，但令人意外的是，女儿却似乎和爸爸的关系更亲近。因为每次不管发生什么事情，女儿都宁愿打电话告诉正在出差的爸爸，也不愿意和正在家里的妈妈倾诉。

父女俩关系好固然是件好事，但谭女士心中也不免感到有些失落，毕竟一直以来，和女儿“相依为命”的都是自己，可为什么自己却反而无法走进女儿的内心呢？为了找到答案，谭女士开始有意识地观察丈夫和女儿相处时的情形。

谭女士发现，每次女儿和丈夫说话的时候，丈夫都会停下手里的事情，认真听女儿说话，如果实在没有空闲，便告诉女儿，让她稍等片刻，做完事情之后再和女儿说话。而且，不管女儿说起什么话题，丈夫似乎都非常感兴趣。他们会一起兴致勃勃地讨论女儿喜欢的明星，也会一起蹲在小区的花坛边上找蚂蚁洞，就连女儿喜欢的小说或漫画中的虚拟角色，丈夫也如数家珍。

看着丈夫与女儿相处时的默契，谭女士不禁陷入了沉思。曾几何时，女儿也曾举着手机凑到她面前，笑嘻嘻地说：“妈妈，快看，帅不帅，这是我的偶像！”那时候，她是怎么回答的呢？她似乎皱着眉头，教训女儿说：“多把心思放在学习上，别学人家追星。”

还有一次，女儿在学校运动会上获得了跳高比赛的第一名，兴致勃勃地拿着奖状给她看。那时候，她正忙着炒菜，看了眼奖状，笑着对女儿说了句：“很好，很厉害。”然后突然想到，马上就要月考了，于是转而开始叮嘱女儿要记得好好复习。

类似这样“扫兴”的对话还有过无数次，谭女士突然意识到，一直以来，其实并不是女儿将她推开，而是她一次又一次地放弃了走进女儿内心的机会。她总是拒绝去了解女儿的喜好，拒绝去体会女儿的感受，只是以一个旁观者的角度，敷衍地应付着女儿的“分享”。她从不曾给过女儿认真的反馈，所以现在，女儿也就不再愿意同她分享自己的一切了。

像谭女士这样的父母其实很多，他们确实给了孩子很多的爱和自由，也愿意支持孩子的兴趣，让孩子去做想做的事情。但他们却没有真正去接受孩子的分享，体会和感受孩子的喜怒哀乐。他们总认为，孩子感兴趣的那些事情都是非常“孩子气”的，是无足轻重的，父母根本没必要去参与其中。

然而，这些父母其实并不明白，孩子真正渴望的，是来自父母的“心有灵犀”，是父母对他们的积极回应。如果父母每次都以敷衍的态度去“应付”孩子的分享，那么久而久之，得不到回应的孩子自然就不再愿意和父母分享自己的喜怒哀乐了。

父母是孩子生命中最初也最重要的依靠，没有任何一个孩子的心门天生就是对父母关闭的。很多时候，父母之所以无法与孩子建立沟通的桥梁，并不是因为孩子拒绝让父母走进他们的内心，而是在此之前，父母就已经亲手关闭了通往孩子心灵的大门。

一位作家曾说过：“幸福越是与人分享，其价值就越会增加。”其实，不只是幸福，任何一种感情都能在分享中得到升华。快乐会因分享而成倍增加，悲伤会因分享而得到稀释，胜利会因分享而更加喜悦，失败会因分享而重生希冀。但更重要的一点是，我们的分享应该是有效的，是确实能够传达给对方，并且从对方那里获得反馈的，这样的分享才是真正有意义的。

所以，作为父母，要想走进孩子的内心，与孩子建立亲密有效的沟通，就必须学会站在孩子的角度去思考问题，用心体会孩子的喜怒哀乐。当父母能够真正理解并接受孩子的分享，给予他们有效的反馈，让他们感受到与父母之间的“心有灵犀”时，自然就能融入孩子的世界，窥见孩子的内心。

识别孩子的真实感受，用心体验孩子的感受

当一个喜欢吃苹果的人和一个喜欢吃橘子的人争论，究竟是苹果好吃还是橘子好吃的时候，结果会是什么呢？很显然，他们永远无法得到一个统一的答案，因为从一开始，他们的主观感受就是不同的，得到的答案自然也不一样。

这就好比父母和孩子之间的沟通，不管是从生理方面还是心理方面来看，父母与孩子之间都是有着巨大差异的，在这样的情况下，如果父母不能学会站在孩子的角度，去体会孩子的真实感受，那么就很难和孩子建立有效的沟通，真正理解孩子的想法。

曾听一位妈妈分享过她和女儿之间发生的一件事情：

这位妈妈是个时髦漂亮的女士，非常喜欢逛街，每当看到商店橱窗里那些琳琅满目的商品，都会让她十分欢喜。她有个可爱的女儿，今年刚刚 4 岁，平常没事的时候，她都喜欢带着女儿一起去逛街，但不知道为什么，女儿却对这项“活动”十分抵触。

关于女儿对逛街的抵触，妈妈并没有放在心上，只以为是女儿太过于内向和胆小，不愿意置身于人群之中。为了避免女儿以

后变成一个“宅女”，很多时候，妈妈都会直接无视女儿不愿去逛街的意愿，连哄带骗地带着她去各个商场扫货，试图让她感受到逛街的魅力。在妈妈看来，商场是一个多么有趣的地方啊，尤其是遇到过年过节的时候，每个商场都会装饰得如童话世界一般如梦似幻，有哪个孩子会不喜欢呢？

有一年圣诞节前夕，一家百货商场为招揽顾客，布置了一棵全市最大的圣诞树，还因此上了热搜。平安夜那天，妈妈兴致勃勃地将女儿打扮一新，带着她一起去商场看那棵据说非常漂亮的圣诞树，当然，例行的扫货行动也是必不可少的。

那天，商场里的人非常多，布置得也确实非常漂亮，除了买东西，还有许多人在各处拍照。妈妈非常开心，牵着女儿的手穿行在人群中，也想着要找个漂亮的角落给女儿拍照。但女儿却似乎对漂亮的商场毫无兴趣，一直紧紧拽着妈妈的手，一副泫然欲泣的样子。

女儿的瑟缩和不配合让妈妈有些不高兴，正当她打算训斥女儿几句的时候，突然发现女儿的鞋带散了，于是便暂时压下怒气，蹲下给女儿系鞋带。这个时候，妈妈突然发现，当她蹲下身子，和女儿一样“高”的时候，她的眼中所能看到的，根本没有什么琳琅满目的商品、漂亮璀璨的圣诞树，只有无数晃动的腿和胳膊。直到那一刻，妈妈才突然明白，当她享受着逛街的乐趣时，女儿眼中的世界却是多么乏味和可怕。

很多父母其实一直都在犯和这位妈妈一样的错，总是习惯以自己的角度、自己的感受和自己的想法去看问题，并试图强迫孩子接受这一切，甚至不惜否定孩子的感受。结果呢，却只能把孩子和自己都折腾得筋疲力尽。

要知道，父母与孩子之间，相差的不仅是数十年的光阴，还有身体发育状况的不同和生活阅历的多寡。如果父母不能学会去识别孩子的真实感受，只以自己的想法和经验来看待问题，那么是永远不可能和孩子真正建立起有效的沟通的。很多时候，孩子之所以不听父母的话，与父母展开“对抗”，并非故意惹父母生气，他们只是流露出了自己真实的情绪，想要让父母理解他们的感受，听懂他们内心的声音。

当孩子第一次被送到幼儿园，即将和父母分别时，他们号啕大哭。在父母看来，这或许是孩子不懂事的表现，但对孩子来说，这却是一件多么可怕的事情！他们将要离开父母的庇护，踏入一个全然陌生的环境，这种惊恐与慌乱的心情，又怎么会是区区“懂事”两个字就可以压下的呢？

当父母不顾孩子的意愿，像展示商品一样，勒令孩子在亲戚朋友面前表演刚学会的才艺时，对于父母来说，这并不是什么大不了的事情，不就是唱首歌、弹个曲的事吗？但对孩子来说，还有什么比父母为了博人一乐就枉顾自己的意愿来得更让人伤心呢？

我们常常说，人与人之间的交往，相互尊重是前提。父母与孩子之间同样如此，不要总觉得孩子小、不懂事，就连最起码的尊重都不愿给他们。与别人相处时，我们尚且记得提醒自己要学会换位思考，那么与孩子相处时，为什么不试着去体会他们的心情，了解他们的感受呢？

每一位父母都应该记住，我们可以是孩子最亲密的伙伴、最坚实的臂膀、最安稳的依靠，但却绝不能将自己看作孩子的“所有者”。哪怕年纪再小，阅历再少，孩子也有自己独立的人格与思想，要想建立和谐的亲子关系，我们就必须学会尊重他们，理解和接纳他们的真实感受，只有这样，我们才能真正走进孩子的内心，与孩子建立有效的沟通与交流。

轻轻蹲下去，以平等的角度和孩子对话

“现在的小孩啊，有什么话都不肯和父母说……”

“每次才讲两句，孩子就一副不耐烦的样子……”

“小的时候还好，现在是越大越不愿意和父母交流……”

……

很多父母都曾有过这样的抱怨，他们总不明白，为什么孩子年龄越大就越不愿意和父母交流，心里有什么话也不肯对父母说，明明父母应该是孩子最亲密也最信赖的人，可到最后，却连想好好和孩子说说话，都成了一种奢侈。

为什么很多孩子都不喜欢和父母交流呢？原因其实很简单，那是因为很多父母在面对孩子的时候，总是习惯把自己放得“很高”。而对于那些高高在上的人，我们或许会尊重、会敬佩、会崇拜，却往往不会选择接近，或与之建立亲密的联系。这就好比学生在路上遇见严厉的老师，通常会慌乱地躲开；而员工在路上碰到傲慢的领导，也会下意识地回避一样。

曾经看到过这样一则新闻：

一位妈妈向当地派出所报案，称自己年仅14岁的女儿可能遭人胁迫，从家里偷拿走了两万元钱。结果，民警调查后却发现，女儿根本没有遭人胁迫的迹象，偷钱也完全是自主行为。这位妈妈不肯相信，在派出所里声泪俱下地责问女儿，诉说自己赚钱的不易。然而，女儿对此却根本不为所动，也不肯开口解释哪怕一句。

后来，民警将这位情绪激动的妈妈带走后，找了所里一个二十岁出头的小民警去和女儿“套近乎”，这才渐渐从女儿口中得知了事情的来龙去脉。

女儿告诉民警，她妈妈是个性格强势，控制欲也特别强的人。妈妈嘴上常常说，女儿有什么想法都要告诉妈妈，母女俩可以一起协商，但实际上，根本就不存在什么协商，因为不管女儿说什么，只要想法和意见跟妈妈不一致，就永远都是要听妈妈的。就连她的手机，都要一直开着定位系统，方便妈妈随时“监控”她去了哪里，做了什么。

女儿说她以前其实一直很喜欢画画，但因为妈妈觉得弹钢琴更好，所以就罔顾她的意愿，直接报了钢琴兴趣班，还给她买了一架钢琴。这些一桩桩、一件件的事情让女儿意识到，她和妈妈之间根本就不存在沟通，因为在妈妈看来，她们的地位本身就是不平等的，她是女儿，是晚辈，所以就必须一切都听长辈的。

这一次，女儿之所以偷拿家里的钱，是因为想偷偷买个新手机，换个新号码，让妈妈再也不能通过手机来监控自己。她买手机其实也只花了一千多元钱，剩下的钱都被她藏在了家里，就是想看看妈妈丢钱之后着急的样子，以此来对妈妈进行“报复”……

在这起闹剧般的案件中，最令人心惊的，莫过于这对母女之间岌岌可危的亲子关系。女儿对妈妈不仅没有丝毫孺慕之情，反而为了看对方“着急”而故意把钱藏起来，以示报复；而妈妈呢，不仅对女儿心中的怨气一无所知，甚至在发现女儿偷钱之后，也没有第一时间去和女儿了解情况，反而武断地判定女儿是“遭人胁迫”才做下了这样的事。

当然，偷钱是不对的，这一点毋庸置疑，但真正导致母女关系岌岌可危的罪魁祸首，却是这位妈妈和女儿之间地位的极度不平等。这位妈妈将自己视为掌控者，面对女儿时的态度永远都是高高在上的，她不在乎女儿的想法，不肯去听女儿的声音，只一味根据自己的想法和意见安排女儿的人生。正是这样的态度，让女儿逐渐产生了一种认知，那就是，无论任何事情，和母亲沟通都是毫无用处的，因为她根本不会考虑自己的意见。于是，这道亲子沟通的大门就这样紧紧关闭了。

试想一下，如果父母能平等地对待孩子，与孩子交流，倾听他们的意见和想法，在否定他们时给予充分的理由，而不是只随口甩出一句“我是你爸 / 妈，你就得听我的”，那么，孩子又怎么会不愿意和父母交流呢？很多时候，孩子之所以不愿意和父母说话，不过是因为知道，无论自己说什么，得到的都只会是否定，无论自己有多么充分的理由，都无法改变父母的意见与想法。

在送孩子去上幼儿园的时候，很多父母可能都没有留意到这样一个细节：那些有经验的、受孩子欢迎的老师，在和孩子说话时，往往都会先蹲下去，平视孩子的眼睛。

虽然只是这样一个小小的动作，但带给孩子的感受却是极为温暖的。这意味着，此刻的老师是将自己摆在了与孩子同等的地位上，双方之间的交流建立在平等的前提下。当孩子不需要通过抬头去仰望老师时，平等的视线交会无形中就拉近了彼此之间的距离。

所以，如果父母希望孩子在自己面前畅所欲言，毫无顾忌地表达自己的内心，那么首先就要学会“蹲下来”，以平等的姿态和孩子对话，而不是将自己放在“统治者”的地位上。这种“蹲下来”，指的不仅仅是身姿上的“蹲下”，更重要的是心理上的“蹲下”，只有真正做到从心底将孩子看作平等的个体，尊重孩子的想法和意见，父母与孩子之间才能真正实现无障碍的沟通，建立和谐平等的亲子关系。

想孩子之所想，从孩子的角度看问题

很多时候，人与人之间之所以会产生误会，就是因为大家都习惯从自己的角度去想问题，以自己的想法去揣度别人的心思。亲子之间的沟通也是如此，很多时候，父母与孩子之间的想法是有很大差异的，这是年龄和阅历之间的差距。如果父母不能学会站在孩子的角度去看问题，想孩子之所想，那么在沟通时，双方很可能就会因为思想的差异而产生误会与矛盾。

曾看到过一篇文章：

某小学的一次语文考试，作文题目是“我想成为……”，一位老师在批改学生们的作文时，突然看到一个特别“奇葩”的作文题目——“我想成为一条狗”。

这位老师非常生气，觉得这个学生就是在故意搞“恶作剧”，毕竟哪有人会想变成“一条狗”呢？于是，老师气愤地在作文得分一项上果断画了一个“零蛋”，并翻开卷子，打算看看到底是哪个调皮捣蛋的学生。

令人意外的是，这张卷子的主人居然是班上一个十分文静的小男生。这位老师觉得很奇怪，那个小男生实在不像是那种喜欢恶作剧的学生，于是他决定看一看这篇作文究竟写了些什么——

“……我想成为一条狗，这样我就可以在每个夜晚守在家门口，让妈妈可以安心睡一个好觉，而不需要担心小偷的光顾；我想成为一条狗，这样就能在别人欺负妈妈的时候，跳出来吠叫，保护好她。我想成为一条狗，一条特别强壮、特别厉害的狗，代替远在天国的爸爸，保护我的妈妈……”

老师的眼睛渐渐湿润了，他隐约想起，班上那个文静又沉默的小男生，他的父亲几年前出车祸去世了，他的母亲是个干瘦纤弱的女人，说话总是带着笑，一副文文弱弱的样子。老师心中不由得有些感动，本以为是一篇学生恶作剧胡乱写下的作文，可谁知其中却蕴含了沉甸甸的，孩子对母亲的爱与关怀。

站在成年人的角度来看，这篇作文的标题确实非常“奇葩”，毕竟谁会想变成一条狗呢？可孩子的想法与成年人是有很大差异的，无论是思维方式还是生活阅历，都决定了他们不可能以成年人的思维方式去思考问题。同样地，促使他们去做某件事的原因，也未必就像成年人所“猜测”的那样。

有一位妈妈讲述了这样一件事：

“我儿子刚上学的时候，每天都是他爸爸负责接送他。到三年级以后，因为工作的变动，我先生变得忙碌起来。我们商量过后，决定以后让儿子试着自己上下学，这样对培养他的独立性也很有好处。

我家距离学校其实并不远，乘坐公交的话也只有一站地，如果步行的话，以小孩子的行走速度来看，也就在15分钟以内。而且我们小区有很多小朋友都是和儿子在一个学校念书，所以让儿子自己独立上下学是比较安全的。

刚开始的时候，我都嘱咐儿子一定要坐公交车回来，而我就在站台等着接他。熟悉几次之后，我就让儿子开始自己上下学了，坐公交也行，和其他小伙伴相约步行也可以。但没想到的是，自从儿子自己上下学之后，他回来的时间就变得越来越晚，有一次放学之后，甚至花了一个多小时才回到家。

当时我非常生气，怀疑他去了别的地方玩，但他却怎么都不肯承认。于是，为了抓住他偷跑去游戏厅玩的‘证据’，我便悄悄地‘跟踪’了好几天。

在这次‘跟踪行动’中，我也确实找到了儿子晚回家的原因。其实，他并没有去过游戏厅，也没有偷跑到别的地方玩。只是在这15分钟的路程中，能够吸引他注意力的东西真的太多了：一只飞舞的蝴蝶、一朵盛开的小花、一排路过的蚂蚁、一块形状奇特的石头……我看着儿子背着小书包，兴致勃勃地为他所看到的每一样东西而停留、观察，再恋恋不舍地离开。

那一刻，我突然意识到，孩子的世界与我们的世界确实存在很多的不同。当孩子花费一小时去走仅需15分钟的路程时，我首先想到的，就是孩子背着我偷偷做了坏事，比如跑去游戏厅玩耍，或在其他地方耽搁了时间。然而事实上呢，他只是被路旁那些我从不曾注意过的风景吸引了。”

所以，在教育孩子之前，父母首先要学会的，是从孩子的角度去看问题，学会换位思考，了解他们内心真正的想法。不管孩子做了什么事情，父母都应该先弄明白孩子做这件事情的原因，了解究竟是什么样的动机促使他们做了这件事情，而不是轻率地就去判定事情的对错，以自己的“揣度”和“猜测”去教育孩子、批评孩子。

当孩子拿起盘中所有的苹果，每个都咬了一口的时候，也许是因为不愿和别人分享苹果而采用这种方式来“做记号”；但也可能仅仅是想亲自尝一尝，从所有苹果中挑出最甜最好吃的一个来送给你。所以，请记住，不要总是轻率地对孩子的行为下定义、贴标签，试着去站在孩子的角度，真正理解孩子的想法，这才是建立良好亲子沟通的保证。

注意语气，让孩子接收到你的关心和尊重

说话和文字表达是不同的，除了说话的内容，说话时的语气同样也可以传递信息。就好比同样一句话，用不同的语气说出来，所表达的意思，以及给人的感觉，都可能是截然不同的。

很多父母在和孩子说话的时候，常常容易忽略自己的语气，尤其是在手头有事情要忙碌时，难免就会带有几分敷衍。父母似乎总以为，孩子年纪小不懂事，都是比较容易“糊弄”的，所以在和他们说话时，只要随随便便应付几句就行了。

然而，事实上，孩子同样也是需要关心与尊重的。甚至相比成年人而言，孩子对父母的情绪变化往往要更加敏感，当他们试图和父母分享自己生活中的点点滴滴时，如果总是只能收到敷衍的反馈，那么久而久之，他们不再愿意和父母倾诉心事，或在父母面前表达自己的想法了。

张楠的爸爸是个汽车销售员，能说会道脾气好。在教育孩子方面，张楠爸爸也一直信奉“激励”式的教育方法，不管孩子做什么，都是给他一通夸，以此来调动孩子做事情的积极性与进取

心。而和爸爸相比，张楠妈妈就要严厉多了，每次和张楠说话都跟开小会似的，自己说完了还要张楠做个自我剖析，总结一下谈话感想。

按理来说，照这样的状况，大部分孩子应该都会更愿意和张楠爸爸那样的大人相处，毕竟他脾气好、人随和。可事实上，虽然张楠平时挺惧怕严厉的妈妈的，可不管有什么事，他依然会第一时间选择向妈妈倾诉。

有朋友对此很好奇，私底下询问过张楠，为什么会更愿意和严厉的妈妈而不是宽和的爸爸交流呢？当时，张楠是这么回答的，他说："虽然我爸几乎没骂过我，但有时候，我感觉不论跟他说什么，他其实都没放在心上。尤其是他那工作，人坐在家里，电话也是不停，经常我跟他说话，说到一半，电话响了。就说上一回，我跟他说我运动会拿了长跑第一，我这边话还没说完呢，电话响了，他直接就一句：'儿子你太棒了！爸爸先接个电话，一会儿带你去庆祝！'我话还没说完呢，他怎么知道我哪里棒？"

而说到妈妈，张楠则表示，虽然妈妈是个非常严厉又喜欢较真的人，但不管任何时候，妈妈跟他说话都是非常慎重的，从她的语气就能听出她真的是非常认真地在投入这场谈话。这让他感觉到自己被关心、被尊重。

所以，对张楠来说，即使爸爸总在说夸奖的话，而妈妈总是像个严厉的教导主任一样，他也仍旧更喜欢和妈妈交流。

这其实不难理解，每个人都是需要被尊重和被关心的，尤其是在有心事需要倾诉或者有快乐需要分享的情况下。如果一个人每次和别人分享自己的事情时，对方都是一副敷衍的样子，那么即便对方的话说得再好听，恐怕也很难让人有继续交流的欲望。

父母与孩子之间同样如此。孩子需要父母的关注，尤其是当他们试图与父母分享快乐或倾诉秘密的时候，他们真正渴望的，是来自父母的关心与尊重，是父母认真的倾听。如果父母总是敷衍了事，那么孩子就难免会产生自己不受重视的感觉。

在成年人的社交规则中，我们被教导要学会尊重社交对象，要认真倾听对方的发言，要给予积极的回馈，但在面对孩子时，很多父母却都忘记了这一点，总以为孩子年纪小不懂事，总以为孩子的世界简单幼稚，所以只需要随随便便敷衍两句，就能将他们糊弄过去。殊不知，正是这样的想法，让父母与孩子之间在日复一日的敷衍中，形成了难以消除的隔阂。

为人父母，请记住，如果你希望能与孩子建立良好的亲子关系，那么就一定要收起敷衍的态度，尤其在与孩子交谈时，一定要注意你的语气，只有作出积极的回应，让孩子感受到你的尊重与关怀，才能让孩子的情感得到满足，从而更信任父母，更愿意向父母展露自己的内心。

爱孩子不是要掌控他，而是要尊重他

经常听到父母们抱怨孩子不听话，许多事情明明耳提面命过多次，却总是一再犯错，到底是孩子太愚笨，还是他们根本就没把父母说的话放在心上？

其实，在发出这样的疑问之前，父母们或许应该先好好想一想，在自己“耳提面命”的时候，是否已经先得到了孩子的认同，而不是只自顾自地将自己的意见一股脑儿强加给孩子，“命令”孩子按照自己意愿去行事。

要知道，孩子“不听话”，不愿意配合父母，除了所谓的“愚笨”和“没将父母的话放在心上”，也有可能是一种消极抵抗，他们在用这种方式抗拒父母的安排，因为他们并不认为自己有任何错误。

高考结束后，刘女士家爆发了一场“大战”，因为女儿婷婷在没有知会父母的情况下，毅然报考了一所离家非常远的外省大学。这让刘女士感到非常伤心，同时怎么也想不明白，为什么乖巧的女儿会越来越叛逆，根本不能体会父母对她的“良苦用心”。

其实，刘女士和婷婷之间的问题早已经根深蒂固了。小时候，婷婷是典型的乖乖女，听话懂事，学习优异，在班里一直都是班干部。那时候，刘女士和婷婷之间的母女关系其实是非常亲密的。上了初中以后，学习开始逐渐紧张起来，刘女士便提出，想让婷婷辞去班干部的职务，专心学习。但婷婷并不愿意，她觉得，担任班干部虽然要处理很多事情，但这个过程却很好地锻炼了她的能力，更重要的是，在处理这些事情的过程中，婷婷能够收获很多的成就感和自信心。

虽然母女二人的意见出现了分歧，但因为婷婷成绩一直不错，所以刘女士倒也没有坚持自己的意见。直到上了初三之后，刘女士为了让婷婷全力冲刺中考，竟直接罔顾她的意愿，私下打电话给婷婷的班主任，把婷婷担任的班干部职务给撤了下来。因为这件事，婷婷和刘女士闹了一个多月的脾气。

后来，上了高中，学习就更紧张了，刘女士对婷婷的“掌控”和“干涉”也越来越多。从交什么朋友、报什么补习班，到运动会参加什么项目、兴趣班报哪些，事无巨细，全部一手安排。

在刘女士看来，自己辛辛苦苦，全是在为女儿的将来铺路，希望能让她的人生走得顺遂一些，少一些挫折，少一些弯路。可对于婷婷来说，刘女士所做的一切，却完全没有考虑过她的意见和想法，没有给过她丝毫的尊重。

于是，在这样的情况之下，母女俩的关系越来越疏远，婷婷也变得越来越叛逆，越来越不愿意和妈妈交流。一直到高考，婷婷终于抓住机会，“逃离”了自己的母亲。

孩子年纪还小的时候，对这个世界上的一切都是陌生的，也几乎没有自己的思想和喜好。那时候的他们往往会很听父母的话，因为对他们来说，父母是最亲密也最值得信任的人。而随着年龄的增长，孩子开始有了自己的思想和意识，有了独立的思维和好恶，到那个时候，如果父母不能学会平等地去看待他们、尊重他们，甚至想将自己的想法强加于他们身上，那么最终只会将孩子越推越远，破坏亲子之间的交流与沟通。

就像刘女士和女儿婷婷那样。刘女士一心只按照自己的想法去安排婷婷的未来，甚至干涉她的学习与生活，但却从来没有真正站在婷婷的角度去看问题，了解婷婷心中的想法。所以，到最后，刘女士一厢情愿的付出，也只感动了身为母亲的自己而已。而婷婷呢，却为了“自由”，为了实现“独立的人格”，选择从母亲身边逃离。

父母对孩子的爱无疑是伟大的，但不得不说，很多父母对孩子的爱同时也是自私的，他们总是以爱为名，强横地插手孩子的生活，支配孩子的人生，控制孩子的思想。嘴上说着“为你好”，可真正给孩子带来的却是无尽的伤害。

爱从来都不该是掌控，而应该是尊重。就好比送礼物一样，真正好的礼物，应该是让收礼人喜爱的礼物，而不是只满足送礼人的喜好。

所以，为人父母，如果真的深爱自己的孩子，也希望能与孩子建立良好的亲子关系，那么就一定要学会尊重孩子的想法，给孩子一片自由翱翔的天空，而不是折断他的羽翼，将他变成没有自己思想的“傀儡”。

孩子犯错，引导比指责更重要

犯错是每个人一生中都不可避免的事情，哪怕是圣人也不敢说自己一生都未犯过错，更何况是年幼的孩童。作为父母，当孩子犯错的时候，我们有义务去纠正他们的行为，让他们懂得分辨是非对错，但同时，我们更应该明白一点，那就是在对待孩子犯错的问题上，引导永远比指责更重要。

有一些父母，在孩子做错事情的时候，只会批评责骂，却从来不会耐心和孩子分析，告诉他们究竟错在哪里，以及以后再遇到类似的事情，应该如何去处理。他们总是极其粗暴地批评和否定孩子，却从来不告知缘由，甚至被问得急了，便草率地丢下一句："我是你爸 / 妈，你听我的就对了！"

还有一些父母更可怕，他们在孩子犯错时，总是口不择言地用一些恶毒的语言去贬低孩子、嫌弃孩子，以此来发泄自己身上的负面情绪。殊不知，这样的指责除了打击孩子的自信，甚至让他们变得自暴自弃，是不会起到任何积极的作用的。

要知道，父母的语言对孩子所造成的影响，可能远远超过我们的想象。有心理学研究表明，树立一个人的正面自我意象，是帮助孩子塑造正面人格，培养良好行为习惯的前提；相应地，毁坏一个人的正面自我意象，则是导致孩子日后走上歧途的关键原因。而父母作为孩子最亲近的“师长”角色，他们对孩子的评价对孩子的自我意象形成是至关重要的。

简单来说，如果一个孩子能够常常得到父母的夸奖与肯定，那么在他们心中，就会为自己树立一个积极正面的形象，认为自己就是父母所夸奖和肯定的那种人，这种形象形成之后，也会反过来影响孩子日常的行为处事，从而形成一个良性循环；但如果一个孩子只能从父母那里得到贬低的负面评价，那么久而久之，他们就会“认同”父母的评价，认为自己真的就如父母口中所描述的“失败者”那般，一旦这种印象形成，孩子很可能就会陷入信心崩塌、甚至破罐子破摔的境地，真的变成父母所嫌弃的那种人。

前些年，网络上报道过这样一则新闻：

某中学一名年仅 15 岁的中学生服用安眠药自杀了。这名中学生是个非常普通的孩子，相貌平平，头脑也不算聪明。他还有个双胞胎弟弟，虽说是双胞胎，但俩人却长得一点儿也不像。相比起平凡的哥哥，弟弟无论是相貌还是头脑都要更为出色。

由于是双胞胎，所以兄弟俩从小无论做什么事情，几乎都被安排在一块。上学在同一个班级，补习班上同一个，兴趣班也报的是同一个，这样一来，兄弟俩就更是不可避免地常常被拉出来比较。于是，普普通通的哥哥在优秀的弟弟映衬下，越发显得迟钝又愚笨，父母显然也更偏爱弟弟一些。

当一个家庭拥有不止一个孩子的时候，即使是亲生父母，也难免会有所偏爱，更何况在兄弟俩对比如此明显的情况下。因此，久而久之，孩子的父母对平凡普通的哥哥产生了一些厌烦的情绪。尤其是在弟弟无论任何事情都能做得又快又好，而哥哥却总是错漏百出的情况下，父母更是会忍不住对着哥哥说出一些指责贬低的话，诸如“你怎么那么笨”“你是废物吗，这么简单的事情都做不好”“你要是能比得上你弟弟一根手指头我就谢天谢地了”……

或许父母在指责哥哥的时候，所说的话大多也只是源于一时之气，但这样长年累月下来，却让哥哥对自己越来越没有信心，甚至产生了厌世的情绪。直到后来，年仅15岁的哥哥终于用一瓶安眠药结束了自己年轻的生命，同时也终结了自己“废物”的一生。

其实，这位哥哥也只是个普普通通、平平凡凡的男孩罢了，这个世界上，像他这样的人有千千万万。如果没有父母日复一日的指责和贬低，他或许会成为这个社会上的大多数人之一，过着平凡却充实的日子，有着自己的失败与成功。真正压垮他自信、断绝他希望的，不是他的“不优秀”，而是来自父母的贬低和指责。

在我们身边，有一种父母被形容为“刀子嘴、豆腐心”。这种父母其实非常常见，他们在责骂孩子时总是不留情面，有时候甚至会口不对心地说出非常伤人的话，但他们内心对孩子的爱和其他父母一样，是非常深沉且真挚的。

对于这样的父母来说，当孩子犯错时，他们口不择言地贬低和责骂过后，发泄完内心的郁气，便又能高高兴兴将事情揭过，继续毫无保留地去关爱孩子。但他们却不曾想过，当他们口吐刀锋的时候，对孩子造成的伤害究竟有多大！如果孩子的内心并不像他们所以为的那么强大，那么被亲生父母贬低责骂的他们，又会有多么痛苦和绝望呢?

一位教育心理学家曾说过："在父母苛责中成长的孩子，会潜意识地认为，自己无论做任何事，都不会得到父母认可。长此以往，他们就会失去进步的动力，变得不自信、不自尊，消极而孤僻。"

所以，父母们应当记住，恶语如刀，不要轻易用刀锋指向你的孩子。哪怕是他们犯错的时候，也要记得，引导永远比责骂更重要。与其用尖锐的言语去指责他们，伤害他们，不如心平气和地引导他们，让他们明白自己究竟错在了哪里，又要如何才能弥补自己的过错。

第4章

精准倾听

——倾听声音，捋顺归因，找到孩子反常背后的原因

孩子从牙牙学语到能与家长认真商讨问题、进行辩论，这是个很漫长的过程。也只有到了这个程度，才能让沟通没有障碍。不过，在达到这一程度之前，我们也不能不管孩子的想法，只以自己的想法来左右孩子的生活。孩子的话语有时难以理解，我们就要用其他的方式去倾听，去走进孩子的内心，弄懂孩子在想什么、想要什么。

孩子说的话，你听懂了吗？

常常听到很多父母抱怨，说孩子越来越难懂，总是变脸比变天还要快，前一刻还阳光明媚，下一刻就阴云密布，让人摸不着头脑。有的父母为了弄懂孩子究竟在想些什么，甚至还会偷偷窥探孩子的日记，甚至上演“跟踪”大戏，结果却弄巧成拙，把亲子关系弄得越来越紧张。

其实，很多时候，不是孩子太难懂，也不是孩子不肯对父母说出心里话，而是父母不曾真正认真地去倾听孩子的声音，听懂他们内心真正想要说出口的话。

要知道，孩子虽然年纪小，心眼儿或许也没有大人那么多，但他们也会有自己的小心思和小情绪，也会用拐弯抹角的语言去试探父母的态度，期望父母能听出他们的弦外之音和未尽之语。如果父母在与孩子沟通的时候，不认真留意他们话语背后的真实想法，只关注表面的意思，那么就无法真正走进孩子的内心，了解他们的真实想法。

不妨来看一看以下几个场景中，父母与孩子之间的对话。

场景一：

女儿问爸爸：“爸爸，你有没有去过新开的彩虹谷游乐园？”

爸爸回答：“没有啊。”

女儿说：“哦，我也没去过。昨天明明说他爸爸周末的时候带他去了，那里可大可漂亮啦，有摩天轮、过山车、蹦蹦床……”

爸爸点点头：“嗯，是啊，那个游乐园是建得挺大的。”

女儿和爸爸提到游乐园，说自己没有去过，又说认识的小伙伴去过，她真的是想和爸爸聊一聊新修的游乐园有多大，或者小伙伴去玩得多开心吗？显然并不是，她之所以铺垫这么多，真正想要表达的意思其实只有一个，那就是“我想让爸爸带我去游乐园”。但可惜，这位粗心的爸爸似乎并没有听懂女儿的弦外之音。

场景二：

晚上，妈妈正在电脑前忙碌，儿子磨磨蹭蹭地晃悠半天，走到妈妈身边试探地问：“妈妈，你饿不饿？我给你洗苹果呀？”

妈妈一边敲击键盘一边回答：“妈妈不吃，你自己吃吧。”

过了一会儿，儿子又磨磨蹭蹭地走过来，问：“妈妈，你累不累呀？我给你捶捶背吧？”

妈妈继续专注工作，回答：“不用，妈妈不累，你快点洗洗睡吧，已经很晚了。”

最后，儿子欲言又止，失望地离开了。

很显然，儿子之所以一直试图和妈妈搭话，甚至是没话找话，并不是真的只想问问妈妈饿不饿、累不累，他和妈妈搭话的最终目的，是希望妈妈能把注意力转移到自己身上，好让他能倾诉自己心中真正烦恼或思考的事情。而这位妈妈显然并未接收到儿子的“信号”，从而也错过了一个了解儿子的机会。

场景三：

餐厅里，一位妈妈带着 5 岁的儿子和不满 1 岁的女儿在用餐。儿子正在自己吃牛排，妈妈则忙着给女儿冲奶粉喂奶。

这时，儿子突然用叉子敲着盘子大声说：“妈妈，我想吃蛋糕！”

妈妈一边照顾女儿一边说道：“你的牛排还没吃完呢，怎么吃得下蛋糕！”

儿子生气地抱着手臂，大声说：“我就要吃蛋糕，就要吃蛋糕！”

妈妈无奈地安抚儿子：“乖，别闹，先把牛排吃完，妈妈忙着给妹妹喂奶呢。”

儿子不依不饶，继续吵吵嚷嚷，妈妈气急败坏，把儿子骂了一通。

儿子的吵闹真的是因为一块蛋糕吗？其实，蛋糕只不过是儿子用以吸引妈妈注意力的一个借口罢了，儿子真正想要的，是妈妈的关注。很多家里生了二孩的父母，因为不自觉地把更多精力投入照顾更小的孩子身上，难免就会让年纪较大的孩子感受到冷落。这种时候，孩子往往就会故意折腾出一些事情，来吸引父母的注意力。如果父母不能听懂孩子“无理取闹”背后的真正心声，就很可能会因处理不当而伤害孩子。

很多成年人对孩子其实都存在一种“偏见”或者说“轻视”，他们觉得，孩子年纪小不懂事，而且总有着天马行空的逻辑和光怪陆离的幻想，所以即使做出任性胡闹的事，说出不符合逻辑的话，也都是非常“正常”的，只要批评一顿，纠正他们的行为就可以了，并不需要去深想促使他们做出这样事情或说出这样话语的动因。

然而，事实上，每个孩子说话做事都是有自己的一套逻辑的，他们看似无理取闹的行为背后，是内心没有宣之于口的诉求，他们看似毫无逻辑的话语，隐藏着真正想要倾诉的秘密。作为父母，我们真正应该做的，是以认真、尊重的态度和孩子沟通，努力走进他们的内心世界，听懂他们心底真正想要说出的话，从而与他们建立起真正有效的沟通。孩子的成长需要的不仅是陪伴，还有理解。

去听去看，别“想当然”地给孩子下定义

你了解自己的孩子吗？

看到这个问题，想必绝大多数父母都会自信满满地回答：“当然！他全身上下，哪里我不清楚？他都不用说话，一抬腿我就能知道他要往哪里走！”

然而，往往正是这样的自信，让很多父母忘记了去倾听孩子的声音。他们刚愎自用地以自己的认知去给孩子下定义，坚信自己是这个世界上最了解孩子的人，将亲子之间的沟通简化成了蛮横的命令、管教和监督。

某杂志曾以一个小区为蓝本，随机挑选了一百个有孩子的家庭做了一项小调查，结果显示，在这些家庭中，有 70% 以上的父母在日常生活中是没有耐心和孩子沟通的；而有 50% 以上的父母则经常抱怨，根本搞不懂孩子成天都在想些什么。更重要的是，在这些父母中，有绝大多数都认为，没有必要让孩子参与任何家庭决策，因为他们年纪还太小，“什么都不懂”。

其实，良好的家庭教育不应该如此。我们总说，陪伴是父母能给孩子最好的成长，但很多父母却都容易忘记，倾听恰恰是最

好的陪伴。作为父母，不论是否真的那么了解孩子，都应该留给孩子倾诉的权利和空间。倾听是父母对孩子的一种尊重，也是鼓励孩子学会自我表达和情绪释放的一种方式。

如果父母总是固执地按照自己的“想当然”去给孩子下定义，不肯认真去听去看，去走进孩子的世界，那么久而久之，孩子就会意识到，无论自己说什么、表达什么，都是没有任何用处的，从而失去与父母交流的欲望。有的孩子甚至可能因此而产生自卑心理，认为自己是不被重视的，这对孩子的身心健康都会造成巨大伤害。

某社区曾发生过一件事情，一个三年级的男孩小勇离家出走了。那天正巧他父母都要加班，晚上九点多才回到家。结果没想到，回家一看，儿子却不见了踪影，可急坏了他们。小勇父母赶紧联系了学校，并挨个打电话给小勇的同学，询问儿子的下落。

那　夜，父母和老师们都急坏了，　直到黎明时分，他们才终于在社区附近一个公园的小假山里，发现了正蜷缩成一团睡着了的小勇。

小勇为什么会离家出走呢？关于这个问题，小勇的父母也一头雾水。在他们看来，自家儿子本来就是个调皮捣蛋的家伙，从小也没少挨父母骂，可这心理素质却是好得很，是那种典型的“记吃不记打”。这样一个心大的人，还真难想象他到底有什么事情想不通，甚至通过这种离家出走的方式来和家长置气。

后来，在老师的耐心开导下，小勇终于把心中一直藏着的委屈说了出来。原来，以前的小勇确实是挺调皮捣蛋的，就是那种“三天不打上房揭瓦”的熊孩子。但上三年级之后，小勇被新来的班主任直接点名做了班长，这种被人信任和肯定的感觉让小勇感到十分新鲜，他也下定决心要做一个称职的班长，不辜负班主任的期待。之后，小勇就仿佛突然间脱胎换骨了一般，上课变得认真了，课间也不再胡乱惹是生非，甚至还常常主动维持班级秩序。

可对于小勇的改变，爸爸妈妈却好像从来都没有留意到，就连小勇兴致勃勃地告诉爸爸妈妈他当了班长，爸爸妈妈也只是敷衍地嘱咐他不要闯祸。每次小勇回家，想要跟爸爸妈妈说一说自己在学校又做了什么好事，可还没开口呢，爸爸妈妈就摆出了一副“你是不是又闯祸了”的样子，让小勇把想说的话又咽了下去。

前两天，邻居家的窗户玻璃被人砸了，不知是谁说了句好像见到小勇放学时经过，爸爸妈妈竟然问也不问，回家就对着小勇劈头盖脸一顿骂，还强迫小勇去向邻居道歉。小勇非常委屈，解释了好几遍不是自己干的，却被爸爸妈妈一句“我还不知道你”给顶了回来。

虽然后来真正的“凶手”站了出来，洗刷了小勇的冤屈，但小勇心里却觉得非常委屈，觉得爸爸妈妈根本不相信自己，也不重视自己。似乎无论自己怎么努力去做一个好孩子，在爸爸妈妈的心中，他都是个不值得信任的坏孩子。

就这样，小勇在万般委屈中离家出走了，险些就酿成了不可挽回的悲剧。

都说“士别三日当刮目相待”，人是一直都在发展变化的，不会永远停留在一个样子上。所以，哪怕父母认为自己对孩子了解得十分透彻，也不应该轻率就给孩子“下定义”“贴标签”，而是应该学会以发展的眼光去看待孩子的变化，耐心去倾听孩子的声音，这样才不会因自己的“想当然”而伤害孩子，误会孩子。

大人说话，小孩可以插嘴

“大人说话，小孩别插嘴！”——相信很多父母都曾对孩子说过这句话。

诚然，大人与孩子无论是思维模式还是人生阅历都有很大差异，双方所处的“世界”也存在些许不同。但这并不意味着父母与孩子之间就该画上一条“界线”，将彼此的世界隔绝开来。

每一个成年人都是从孩提时代一点点成长起来的，在成长的路上，并不存在一条明确的分界线，隔开“孩童”与“成人”的界限。所以，作为父母的我们，又为什么要人为地去“画”这样一条界线，将我们与孩子隔绝在不同的两个世界呢？

在孩子的成长中，父母所扮演的本身就是一个“引路人”的角色，我们有责任和义务带领孩子去完善对这个世界的认识。换言之，让孩子参与进成年人的谈话，并拥有发表意见和想法的权利，这实际上也是成长中一个非常重要的环节。

成长从来不是一蹴而就的事情，如果父母总是将“大人说话，小孩不要插嘴”挂在嘴边，拒绝对孩子敞开成年世界的大门，那么久而久之，就可能扼杀孩子的表现欲，甚至让孩子变得自卑怯懦，越来越不敢也不愿意和成年人交流。这对孩子的成长无疑是一种伤害与阻碍。

英子今年已经上小学五年级了，虽然在爸爸妈妈眼中，她依然还是个不知世事的小朋友，但在英子看来，自己可比爸爸妈妈所认为的要成熟得多。至少她也有着属于自己的烦恼和对未来的思考。

一天放学回家，英子刚放好书包，就听到爸爸妈妈在客厅讨论事情。爸爸的公司承接了一个大项目，领导想让爸爸做这个项目的负责人。如果这个项目能顺利完成的话，对爸爸将来的前途是大有好处的，但相应地，如果项目失败，那么爸爸也必然要承担很大的风险。

从爸爸妈妈的谈话中可以得知，爸爸是很想承接这个项目的，但妈妈却更倾向于比较稳妥的选择，不希望爸爸去冒这个险。

搞清楚事情的始末之后，英子也凑了上去，对爸爸说道："爸，我支持你，我觉得人就应该有冒险精神，不能因为畏首畏尾就错过机会！"

听到英子的话，妈妈瞪了她一眼，说道："小孩子家家懂什么，大人说话，你不要插嘴，作业做了没？"一边说着还一边把英子赶回了房间，根本不把她的意见放在心上，让英子气闷不已。

周末，有几个同学到家里找英子，英子神神秘秘地把他们带到自己房间，还把门给锁上了。妈妈觉得很好奇，就去问英子："你们神神秘秘地商量什么呢？不会是要干什么坏事吧？"

结果没想到，英子斜睨了妈妈一眼，冷淡地说道："既然你们大人说话，我一个小孩子不能插嘴，那我们小孩子说话，你一个大人瞎打听什么！”

孩子与父母之间是平等的，就像英子说的，如果父母认为孩子没有资格插嘴大人之间的谈话，那么大人又有什么资格来插嘴孩子之间的谈话呢？在大人的谈话中，或许孩子确实无法给出什么有效的意见，但他们也是家庭中的一员，也应该具备发表意见的权利，这与他们究竟是否能够提出有价值的意见是没有任何关系的，重要的是父母对待孩子的态度。

当然，在某些时候，如果大人之间要谈论的话题已经超出了孩子的理解范畴，或者这个话题并不适合让孩子参与，那么我们自然不能让孩子参与到谈话之中。这个时候，最好的办法就是引导孩子去做一些别的事情，来转移孩子的注意力，而不是粗鲁地呵斥或蛮横地将孩子排除在谈话之外，以免伤害到孩子的自尊心。

父母应该明白，平等是构建良好亲子沟通的基础。如果父母总是一副高高在上的样子，不能把孩子放到和自己平等的地位上，那么是永远无法和孩子建立和谐顺畅的沟通的。如果父母早早就在自己与孩子之间画上一条界线，剥夺孩子参与大人谈话的资格，那么孩子必然也会因此而关闭自己的世界，拒绝对父母袒露心声。

所以，如果你想走进孩子的内心，成为孩子愿意倾诉和交流的对象，那么就请记住，大人说话，孩子是可以插嘴的。

允许孩子辩解，孩子应该享有自我辩护权

任何人做错事情，都应该拥有自我辩解的权利，或者解释自己犯错的动因，或者阐述自己曲折的心理历程，再或者诚恳地说上一句对不起。总而言之，即使是最穷凶极恶的罪犯，上了法庭，也同样拥有辩解的权利。所以，当孩子做错事情的时候，作为父母，我们是否也该耐着性子，让孩子拥有辩解的机会呢？

要知道，这个世界上有一种把戏叫作“障眼法”，这种把戏告诉我们，很多时候，即便是亲眼见到的东西，也未必就一定是真实的。这就好比当我们看到孩子在做一件错误的事情时，我们所看到的往往只是事情最浅显的表象，而在表象之下，真正促使孩子做这件事的动因，才是我们最应该关注的。只有明白了这个动因，我们才能真正理解孩子的想法与行为，从而做出最合适的应对。

童先生很喜欢养兰花，前些日子，他刚托朋友给他带回一盆非常珍贵少见的兰花，一直宝贝得紧。可没想到，这兰花到手还没几天，就被三岁的儿子凯凯一碗热汤浇下去，“阵亡”了。

那是一个星期天的早晨，童先生难得睡了个懒觉，醒来后便

准备去阳台看看自己的宝贝兰花。结果，刚一打开阳台门，童先生就看到自己三岁的儿子凯凯捧着一碗热汤，“哗啦”一下就浇在了自己那盆宝贝的兰花上。童先生顿时就傻眼了，真真切切地感受了一把什么叫“浇在你身，烫在我心”。

看着宝贝兰花在眼前“阵亡”，童先生当即就火了，生气地冲着凯凯吼道：“你怎么那么淘气？这汤是能随便倒的吗？你知不知道这盆花爸爸花了多少钱多少时间才找到的？你这孩子怎么那么不听话！”

看到爸爸暴怒的样子，凯凯吓了一跳，手足无措地捧着自己的小碗大哭起来，满脸委屈。

见儿子哭得可怜，童先生的情绪渐渐平复下来。其实，凯凯平时一直非常听话，从来不会无故地惹是生非，所以童先生怎么都想不通，他到底为什么要这么做。

冷静下来之后，童先生无奈地在心里哀悼了一下“阵亡”的兰花，然后耐心地安抚儿子的情绪，并轻声问他：“凯凯，告诉爸爸，你为什么要把这碗热汤倒进花盆里面去呀？”

凯凯一边抽泣一边带着哭腔解释道：“妈妈说，凯凯喝汤汤，汤汤有营养，喝了汤汤凯凯才能长壮壮。爸爸喜欢这个花花，但是它太瘦了，所以凯凯给它喝汤汤，这样它就能和凯凯一样，长壮壮。”

听到这话，童先生顿时愣住了，原来凯凯用热汤去浇花，并不是故意想把花烫死，而是以为自己只要把有营养的汤让给兰花“喝”，兰花就会长得更好。虽然凯凯确实做错了事，但他的初衷却是好的，他只是不明白，兰花和人是不同的，对人有好处的热汤，却可能要了兰花的小命。

童先生温柔地摸了摸儿子的头，笑着对他说：“儿子，热汤能让凯凯长壮壮，但是不能让兰花长壮壮。你给兰花浇了热汤，它受不住，以后就不能再长了。”

听到这话，凯凯不好意思地低着头说道：“对不起，爸爸，我以后不会再给花花喝汤汤了……”

童先生点点头，继续说道：“好的，爸爸知道了。下次爸爸教你怎么给兰花浇水，用正确的方法来帮助兰花长壮壮好不好呀？”

凯凯终于开心地点点头笑了起来。

当孩子做错事情时，我们批评他们，为的是让他们明白自己的行为是错误的，以后不要再犯同样的错。所以，相比批评本身来说，更重要的一点是，要让孩子知道自己究竟错在了哪里。

以凯凯的行为来说，他把热汤浇到花盆里，这必然是不对的。但他之所以做出这样的行为，却并非出自恶意。也就是说，促使他做出这件事的原因是好的，但由于知识方面的欠缺和对许多事情的不了解，才致使凯凯好心办了坏事。如果童先生没有给凯凯辩解的机会，而是在事情发生后就直接批评了他，那么就可能导致凯凯到最后也搞不明白自己究竟错在了哪里。这样一来，童先生对凯凯的批评，除了让他感到委屈和受伤，是没有任何积极作用的。

所以，当孩子犯错的时候，如果父母想要更好地教育他们、引导他们，让他们真正认识到自己的错误，反思自己的行为，就一定要学会少说多听，给孩子一个辩解的机会。只有了解了他们内心真正的想法，以及促使他们犯错的真正动因，我们才能更好地找到事情的症结，从而做出最恰当的反应。

解读他的不满，听到孩子心底的声音

在亲子沟通中，学会倾听是非常重要的一件事。懂得倾听的父母往往要比那些不懂倾听的父母更容易与孩子建立起良好的沟通与交流。因为很多时候，孩子并不会将自己内心真正的诉求用语言直白地表达出来，而是需要父母通过倾听去解读出关键的信息，从而明白孩子心底的渴求。

但可惜，很多父母在这一点上做得并不好。或者说，在很多父母的认知里，听孩子说话并不是一件多么重要的事情。当他们心情不错并且有多余空闲的时候，他们或许会愿意在孩子面前扮演一个认真的听众角色。可一旦有其他事情，或者心情不好，那么他们恐怕也就没有心思再去仔细倾听和分析孩子的未尽之语了。

然而，事实上，倾听是亲子教育中非常重要的一个环节，也是构建良好亲子沟通的必修课。父母懂得倾听，并且愿意倾听，是对孩子的一种鼓励与支持，更重要的是，通过倾听，父母才能更好地了解孩子，听到孩子心底的声音，从而减少彼此之间因沟通不顺而产生的种种问题。

早晨，青青妈妈和往常一样，给青青准备好了早餐，然后催促她完成起床、洗脸、刷牙、吃早餐“一条龙”行动，然后就去做其他事情了。

大约 20 分钟以后，青青妈妈已经做好了出门准备，可去到客厅一看，青青的早餐居然还没吃完，面包和牛奶都剩了大半。妈妈看了看时间，只得赶紧去帮青青收拾书包，并焦急地催促着：“赶快赶快，再不走要错过校车啦！”

青青嘟着嘴，一脸不高兴的样子，磨磨蹭蹭地离开了餐桌，嘴里还嘟囔着：“妈妈，早餐不好吃，我不想吃了。”

妈妈心里正着急呢，也没耐心应付青青，手忙脚乱地帮她穿好鞋之后，就一手拉着青青一手提着书包急急忙忙出门了，一边走一边数落青青：“你看看，都几点了？平时也没见你吃个早餐那么磨蹭的啊，可别养成坏习惯了！”

青青看了看妈妈，抿抿嘴又重复了一遍：“早餐不好吃，我不想吃了。”

妈妈眉头一皱，严厉地说道：“妈妈平时怎么教你的？不可以挑食，不然会长不高。而且，你不吃早餐的话，等到了幼儿园，肚子饿了怎么办？好了，赶紧去上学，明天早上不能再这么磨蹭了哦！”

结果，接下来的几天，青青还是这样，一到吃早餐的时候就磨磨蹭蹭，半天吃不完一片面包，结果弄得错过了两次校车，妈妈也只得自己开车送她去上学。

几次之后，妈妈也发现事情不对劲了。等青青放学回家的时候，妈妈便问青青：“今天早餐吃那么少，上午上课的时候饿不饿呀？”

青青委屈地说：“当然饿了，肚子一直咕咕叫，可惨了。”

妈妈笑着说：“那你以后还吃不吃早餐啦？”

青青头一扬，果断回答：“不吃！”

妈妈疑惑地看着青青问道：“为什么宁愿饿着肚子也不吃呢？是觉得妈妈做得不好吃吗？”

青青偷偷看了一眼妈妈的脸色，发现妈妈并没有要生气的意思，这才嘟囔着回答说：“上星期已经吃了一个星期的面包牛奶，这星期又吃……”

听到这话，妈妈才恍然大悟，原来青青不吃早餐，是嫌每天都吃同样的东西，已经吃腻了啊！

于是，妈妈又问道：“既然你吃腻了面包，那怎么不告诉妈妈你想吃别的呀？”

青青嘟着嘴说道：“上星期去超市的时候，你说每天早晨做早餐赶时间，不如吃面包喝牛奶方便，然后才买了面包回来的呀！”

妈妈一愣，压根儿没想起来当时自己是不是说了这样的话。她赶紧说道：“现在不赶时间了，明天早上妈妈给你煎鸡蛋饼！”

青青点点头，开心地笑了起来。

很多时候，孩子之所以和父母闹别扭，或者不肯配合父母的安排，往往是因为他们心中对父母的某些做法感到不满意，但又由于某些原因而不能坦率地宣之于口，于是，便只能用这种“消极抵抗”的方式来对父母进行抗议。

这种时候，父母不要急着对孩子发火，而是应该通过仔细的观察和耐心的引导，让孩子可以将心中的不满表达出来，只有找到问题的症结在哪里，才能彻底、有效地把问题解决掉。如果父母只一味训斥孩子，那么只会让孩子越发不敢吐露心声，即使当下孩子迫于父母的权威而选择妥协，心中必然也不会好过，甚至可能加重对父母的逆反情绪。

所以，父母一定要记住，在面对闹别扭的孩子时，不要急着去批评他们，而是应该引导和鼓励他们将自己内心的不满诉说出来，只有了解了孩子心底的想法，体会和理解孩子的真实感受，我们才能给予孩子正确的帮助。

孩子喜欢“说反话”，父母要学会“反着”听

几乎每个孩子都曾经历过一段喜欢“说反话”的时期：明明想要做某件事，但父母多嘱咐几句，立马就别扭地说自己不想做了；明明不擅长某项活计，但父母多关心几句，立刻就倔强地非要硬着头皮上；明明已经知道自己犯了错误，但父母多念叨几句，立马就非得梗着脖子“抗争”到底……

孩子为什么喜欢“说反话”呢？其实，这可以说是孩子成长过程中非常正常的一个阶段，几乎所有孩子都曾经历过这样一个时期。

通常来说，孩子在三岁左右会开始进入“反抗期”，也就是孩子自我意识开始形成和发展的时期。在这个时期，他们开始有了自己的想法和主见，对事情也逐渐展现出明显的喜恶。他们开始渴望独立，并试图摆脱父母的“控制”。但与此同时，他们的思想还不够成熟，见识也不够丰富，他们还无法凭借理智来控制自己的行为和情绪，因此，与父母“对着干”成为他们用以表达独立渴望的唯一方式。

孩子的第一个“反抗期”大约会持续一年。而在“反抗期”之后，孩子还将进入一个让无数父母都头疼不已的时期，即“青春叛逆期”。

处于“青春叛逆期”的孩子对父母的反抗与“反抗期”相比，有过之而无不及。在这个时期，孩子的情绪会十分敏感，父母对他们干涉过多很可能会激起他们强烈的反抗，但如果父母对他们有所忽略，那么同样也可能使他们产生过激的反应。即便父母挑不出什么错误，他们也可能会故意去和父母“对着干”，哪怕心里不是这么想的，也非要说违心的话。

姜太太的儿子小帆刚上初中，他就正处于让无数父母都头疼不已的“青春叛逆期”。

姜太太刚结婚那会儿原本是和丈夫商量好，准备先在事业上全力拼搏几年，之后再考虑要孩子的事。但偏偏计划赶不上变化，姜太太没多久就怀孕了，夫妻俩商议过后还是决定把这个孩子生下来，这个孩子就是小帆。

生下小帆之后，姜太太就继续回归职场了，孩子则主要交由家里的老人和保姆带。姜太太认为，小帆年纪还小，家里的老人也能帮上忙，她和丈夫倒不如先努力专注事业，多挣点钱，这样才能给儿子最好的教育，最光明的前途。

老人家对孙子辈通常都比较溺爱，姜太太的父母和公婆也不例外。于是，在缺乏父母陪伴，双方老人又都比较宠溺的环境下，小帆的性格难免就有些乖张任性，尤其是在上了初中，进入“青春叛逆期”以后，为人处世就更加尖锐了。

这些年，姜太太夫妻的事业基本上已经进入了稳定期，于是便打算回归家庭，好好弥补对儿子缺失的陪伴。可没想到，以前他们是没时间和儿子相处，现在呢，是不知道该怎么和儿子相处了。每次不管他们和儿子说什么，儿子都要和他们对着干，而且这种针对几乎已经成了儿子的一种条件反射，似乎父母不论说什么做什么都是错的。

前几天，市里几所中学联合举办了一场篮球比赛，小帆是学校初中部的篮球队队长，带领队员一路杀进了决赛。姜太太夫妻知道后非常高兴，决定要一起去给儿子加油。可没想到，小帆知道这事后，却非常生气，冷嘲热讽地对父母说："还是别去了吧，我怕见到你们影响我发挥。反正以前这么多年你们也都没管过我，现在来装什么父慈子孝。以前的家长会都没时间参加，现在不过是个篮球比赛，有什么好去的？还影响我心情！"

儿子的话让姜太太夫妻心里都不是滋味儿，两人协商过后最终还是没去看比赛，他们可不敢再刺激小帆，万一他见着他们去了直接在赛场上闹脾气，必然会影响学校老师对他的评价。可没想到的是，就因为他们没去看比赛，小帆一回家就和他们闹了好大一通脾气，差点儿还离家出走了。

姜太太想不明白，自己到底应该怎么做，儿子才会满意呢？

相信大家都能看出来，虽然小帆嘴上说着不让父母去看自己的比赛，但实际上他的心里却是非常希望父母能去为他加油的。前十几年缺失的陪伴让小帆对父母心中有所埋怨，但与此同时，他又渴望着父母的关心与爱护。正是因为对父母有着这样复杂又矛盾的情感，小帆才会一次次别扭地用尖锐的语言去伤害他们，同时又渴望他们的靠近。

其实，促使孩子“说反话”的原因有很多，可能是受到叛逆心理的影响，就喜欢和父母长辈“对着干”；可能是为了维护自己的面子，无论如何都不肯承认自己“不行”；也可能仅仅是害怕面对父母的失望或质问，所以只能用这种“大言不惭”的方式来进行自我保护。

但不管是哪一种原因，作为父母，当发现孩子开始喜欢“说反话”的时候，应当予以重视。虽然这是很多孩子都必然会经历的阶段，但如果父母不能给予孩子足够的关心与爱护，听懂他们尖锐反话下的期待与渴望，那么久而久之，就可能使得孩子在一次次希冀得不到满足之后选择关闭自己的心门，隔绝与父母沟通。

倾听的同时，记得接纳孩子的负面情绪

父母对自己的孩子总是寄予厚望的，他们希望自己的孩子将来能成长为一个优秀的人，勤劳、勇敢、善良、智慧，一切美好的品质都能在孩子身上体现。为了实现这个目标，绝大多数父母对孩子的教育问题非常看重。

但只要是人，就必然会有缺点。而帮助孩子纠正身上存在的缺点，让他们成为更优秀的人，正是父母教育孩子的一个重要环节。这样的想法原本是没错的，但有的父母在这方面的做法却难免有些极端，对孩子的要求也过于苛刻，以致最后反而弄巧成拙，不仅没能把孩子培养成理想中的样子，反而丢失了孩子对父母的信任与依赖。

李先生和儿子小石头就是如此。

李先生是个性格比较刚强的人，但他的儿子小石头却胆小又害羞。为了纠正小石头的“毛病”，让他成为一个勇敢的“男子汉”，李先生在教育小石头的时候常常比较严厉，按他的说法就是“硬汉教育”。

那么，李先生究竟是怎么进行“硬汉教育”的呢？想必大家应该都参加过军训，即使没参加过军训的，应该也看过一些与军队题材相关的电视剧。通常来说，教官在训练新兵的时候，一般都会先给新兵们一个“下马威”，让新兵们明白服从的重要性。在训练中，当有新兵无法坚持完成教官布置的任务时，教官往往会采取“激将”的方式，对新兵进行“打击教育”。

李先生正是采取了这样的方式来“教育”儿子，每当小石头表现出“不男子汉”的负面情绪时，李先生不仅不会去安慰或帮助他，反而会更严厉地批评他，甚至用故意贬低的方式来刺激他，试图激发出他的“潜力”。

有一次，李先生利用周末时间带小石头去爬山。李先生平时就很喜欢运动，身体素质比较好，爬山的时候健步如飞。小石头虽说身体不差，但毕竟年纪小，体力跟成年人是绝对不能比的。可小石头平时就比较怕李先生，所以明明已经感觉很累了，却也不敢出声抱怨，只咬着牙坚持跟紧李先生的步伐。

山路崎岖，为了追赶父亲的脚步，小石头一着急就踩到了一个小坑里，把脚给扭了。因为脚实在太疼了，犹豫了几次之后，小石头终于鼓起勇气，小声对李先生说：“爸爸，能不能不走了，我脚疼……”

可还不等小石头把话说完，李先生就和平时一样，板起脸严肃地说道：“这才走了几步路就这里疼那里疼的？你还是不是男子汉？怎么比女孩子还娇气！要是连走这点儿路你都坚持不了，以后还能指望你干成什么事呢？”

李先生的话让小石头又一次垂下了头，抿着嘴一言不发地拖着疼痛的脚踝继续向前走。好在李先生的速度也慢了下来，没有让小石头继续追赶得这么辛苦。

后来，他们遇到了一条小沟，按照李先生的估算，这个距离虽然对小孩子来说确实有些宽，但只要儿子勇敢一点儿，大步往前一跳，完全是可以跳过去的。李先生认为，这正好是一个锻炼儿子胆量的好机会，因此，即使小石头再一次向他求助，他也还是坚定地拒绝了他，并不耐烦地催促儿子赶紧跳过去，还训斥他是个胆小鬼。

听着父亲一句句伤人的话，小石头的眼睛黯淡了下去，他真的不明白，为什么爸爸非要逼着他去做他无法做到的事情，对他的恐惧和无助却熟视无睹。小石头本想告诉父亲，自己的脚踝受伤了，但这一刻，他却突然什么话都不想再说了。只见小石头闭着眼睛往前面一跃，整个人都摔进了沟里……

事后，在医院里，李先生看着儿子红肿的脚踝，这才明白儿子到底经历了什么。李先生非常后悔，懊恼地问儿子："怎么受伤了也不告诉爸爸呀？你不告诉爸爸，爸爸怎么会知道你受伤了呢？"

面对李先生难得的温言软语，小石头却只是默默低下头，看着自己的手指发呆。此时，他已经完全不想再和父亲说什么了，因为他知道，自己的悲伤、无助、惶恐，都无法从父亲那里得到反馈，既然如此，还有什么好说的呢？

人都会有负面情绪，会担忧、会害怕、会懦弱、会退缩，这些都是非常正常的。当孩子陷入负面情绪时，作为父母，我们应该成为孩子最坚实的后盾，帮助他们、引导他们去战胜这些负面情绪，而不是像李先生这样，一味地用打击、贬低的方式，来逼迫孩子否认这些负面的情绪。

我们总说，作为父母，要学会耐心倾听孩子的声音，听懂他们心底真正想说的话。而除了倾听，我们同时也应学会接纳与包容，接纳孩子的一切负面情绪，包容孩子的一切缺点与错误。

孩子陷入负面情绪的时候，本就已经非常脆弱了，这个时候，如果父母不能给予他们安慰和帮助，甚至用冷漠的态度去批评、否认孩子，那么必然会给孩子造成严重的打击，甚至让他们失去对父母的信任与尊重，主动关闭与父母沟通的心门。所以，请记住，倾听的同时，也要记得接纳孩子的负面情绪。无论何时，父母都应该是孩子最坚实的后盾，最安全的港湾。

第5章

非暴力评价

——清零刻板印象，你的偏见会使孩子成为偏见的牺牲品

任何事物都不只有一面，孩子也是一样。可是很多家长爱用成绩、身体、才能，又或者是其他流于表面的东西来评价孩子的好坏，这样不仅不能激励孩子上进，反而会让孩子自暴自弃，放弃与家长沟通。看成到孩子的另一面，客观评价、比较孩子的好坏，才是一个称职的家长应该做的，才是建立与孩子顺利沟通的基础。

“主观印象”，让父母与孩子渐行渐远

父母的偏见对孩子的成长是有很大影响的，长期生活在偏见中的孩子，会对父母失去信任感和依赖感，并逐渐变得自卑怯懦，甚至自暴自弃。因为对孩子来说，在建立起成熟完善的世界观和价值观之前，他们对这个世界，乃至对自我的了解，很大一部分是来自父母。也就是说，如果父母对孩子抱有偏见，总是戴着有色眼镜看孩子，那么久而久之，孩子就会认为，自己就是父母所描述的那种人，确实有那些缺点。

然而，在现实生活中，这样的父母却不在少数，他们总是会因为孩子曾经犯过的错误，就轻率地给孩子“贴标签”“下定义”，不管孩子说什么做什么，都带着偏见去评判。比如孩子曾经撒过谎，他们就会擅自给孩子贴上“撒谎精”的标签，以后无论孩子说什么，都会怀疑地问上一句：“你是不是又撒谎？”

更糟糕的是，还有一些父母，即便孩子本身没有犯错，但只要身上有某些不尽如人意的地方，就会口不择言地去贬低孩子。比如有一些父母在发现孩子表现得不够聪明时，便可能到处长吁

短叹：“这孩子一看脑瓜子就不灵光，以后怕是也没什么出息！”对于父母来说，这可能就是一句发泄情绪的感叹，但对于听到这些话的孩子而言，却可能造成难以磨灭的伤害。

世界上一切事物都是在发展变化的，更何况是一个还在成长的孩子呢？如果父母仅仅因为孩子做过的某件事，或者某个时期表现出来的样子，就轻率地给孩子下定义，并且一直以这种刻板的“主观印象”去评判孩子，那么只会让孩子受到偏见的伤害，从此与父母渐行渐远。

唐漫漫从小就特别调皮，别看她是个女孩子，闹腾起来却比男孩子还要厉害。

上学以后，唐漫漫就开始在学校闹腾了，父母没少因为她在学校闯祸被叫家长，对她也是头疼不已。

有一回，唐漫漫竟然和同学一起溜进班主任办公室偷试卷，结果被班主任逮个正着，于是又被叫了家长。这次的事件可真是把唐漫漫父母气得够呛，他们一直以为，女儿也顶多就是调皮捣蛋了些，却没想到，她居然连偷试卷这样的事情都能做得出来，简直是胆大包天！

大概是闯祸已经闯成了习惯，唐漫漫虽然被父母一顿联合双打，却并没有太把这件事放在心上，直到她发现妈妈竟然因为这事被气得哭了一宿，才终于认识到自己的行为给父母造成了多大的伤害。

唐漫漫虽然能闹腾，但确实是个非常聪明且孝顺的孩子，在认识到自己的行为让妈妈伤心了之后，唐漫漫便决定，以后要做个听话懂事的孩子。于是，她一改往日的作风，开始努力学习，打算等期末的时候考个好成绩，让爸爸妈妈都高兴高兴。

之前不爱学习的时候，唐漫漫的成绩大概处于班级中下游水平。而小学的课程其实也不难，唐漫漫认真学习之后，成绩顿时就突飞猛进，期末时甚至一跃成了班级第三。可当她喜气洋洋地拿着成绩单交给父母的时候，却对上了两双充满怀疑的眼睛，妈妈甚至还哭丧着一张脸说道："漫漫，你是不是作弊了？你怎么可以作弊呢？这是不对的！妈妈宁愿你考得不好，但是能做一个诚实的孩子！"

听到这话，唐漫漫如遭雷击，她怎么也没想到，原来自己在妈妈心中就是这个样子的。唐漫漫一把抢过成绩单撕了个粉碎，哭着跑回了房间。

见女儿反应这么激烈，爸爸妈妈才惊觉，事情或许并不像他们所想的那样。尤其是从班主任那里得知女儿近来的表现之后，他们更是后悔不迭，如果他们能够对女儿多一些信任，而不是武断地凭借自己的"主观印象"去看待女儿，那么也就不会给女儿造成这样大的伤害了。

孩子的成长实际上就是一个不断犯错，然后不断改错的过程。也正是在这个过程中，孩子一点点地认识了这个世界，并构建起自己的世界观和价值观。这是一个漫长而充满变化的过程，孩子们几乎每时每刻都在重塑自己的样子。如果父母不能学会以客观的态度和发展的眼光来看待孩子，而是武断地笃信自己的"主观印象"，那么就可能会对孩子产生带有偏见的认知，从而对孩子造成难以挽回的伤害。

所以，无论何时，父母在对待孩子，尤其是评价孩子时，都应该持慎重而客观的态度，即使孩子曾经的所作所为确实让你难以对他抱持正面的期待。没有任何人是从来都不犯错的，孩子也是一样。而在我们的成长中，很多错误其实都是有改正机会的，重要的是，父母能否公平公正地给孩子这个机会。

当一个调皮捣蛋的孩子突然表现得听话乖巧时，当一个成绩垫底的学生突然变得勤奋好学时，请相信孩子的变化，并给予他们真诚的赞赏吧！不要因为一时的怀疑和毫无证据的“主观印象”，就否定一个孩子在成长过程中所做出的努力与改变。请记住，偏见是对孩子最大的伤害，别让你的“主观印象”将孩子越推越远。

父母贴的标签，孩子可能一生都撕不下来

无论在哪一个家庭中，孩子被父母责骂都不是什么稀奇事。毕竟人无完人，没有哪个孩子是没有缺点或从不闯祸的，同样也没有父母是从来不对孩子生气的。更何况，对于绝大部分父母来说，当孩子做错事情的时候，责骂他们也是为了让他们改正自己的错误，又有什么不对呢？

诚然，作为父母，我们确实有责任和义务去教导孩子，但教导并不等同于责骂。事实上，责骂更多是父母对因孩子犯错而产生的负面情绪的一种发泄。也就是说，当父母责骂孩子的时候，更多的是一种情绪的宣泄，而“责骂”从本质上来说，也确实不具备什么教育意义。更重要的是，过多的责骂所带给孩子的，只有信心的崩塌和精神的痛苦。

就如儿童心理学家所说的：“孩子总会在无意识中按照大人的评价来调整自己的行为，以期能达到父母言语中多次提及的‘期许’。”换言之，如果父母总是在言语中称赞孩子，那么孩子就会通过无意识调整自己的行为而逐渐成为父母所称赞的那样的

人；而如果父母总是在言语中责骂孩子，那么孩子同样会通过无意识的调整而将自己变成父母口中所责骂的那种人。

刚上小学五年级的乔乔就是这样。认识乔乔的人都很奇怪，为什么明明是同一个人，但在爷爷奶奶身边和父母身边的表现会有如此大的差距。

在爷爷奶奶家的乔乔简直就是个贴心小王子，又懂礼貌嘴巴又甜，总能把爷爷奶奶哄得喜笑颜开。今天给爷爷捶捶腿，明天陪奶奶摘摘菜，简直乖巧得不行，谁见了都得夸几句。

可一回到父母身边，乔乔就好像立马变了个人，成天只会低头坐在沙发上打游戏，坐没坐相、站没站相，更别说帮忙做家务了，不给家里搞破坏就谢天谢地了。甚至就连脾气也变得暴躁起来，常常说不上两句话就能和父母吵个天翻地覆。

其实，乔乔会有这样的表现并不奇怪。爷爷奶奶对乔乔那是“隔辈亲”，恨不得天天把这宝贝孙子夸得天上有地下无，就连乔乔心血来潮随便伸手帮忙摘个菜，爷爷奶奶都能逢人就夸他的“丰功伟绩”。于是，在这样的“赞赏”中，乔乔是事事都有干劲，毕竟他可是爷爷奶奶口中又孝顺又优秀的宝贝孙子！

乔乔的父母就不同了，他们都是教师，在管教孩子方面要求比较严格，每次乔乔只要犯一丁点儿错，就会招致父母的轮番教育，身上的缺点更是恨不得每天都要被父母拿出来训斥一顿。久而久之，乔乔在父母面前的表现也就越来越糟了，反正都已经被父母贴上了“坏孩子”的标签，还要什么“偶像包袱”呢？

父母们总是容易低估自己对孩子的影响，他们总以为，训斥孩子是在帮助他们改正错误，指出孩子身上的种种缺点，也只是为了提醒他们努力去克服，努力让自己成为更优秀的人。所以，他们总是轻易就对孩子说出各种各样充满贬低性意味的词汇，把一张张写满“否定”的标签贴到孩子的身上。殊不知，正是这种不分场合、不讲分寸的贬低和责骂，让孩子在自暴自弃中一点点磨灭了自己的信心与希望。父母给孩子贴的标签，有的可能会成为孩子一生的梦魇，让他们一生都无法撕下来。

其实，人都是有两面性的，孩子也一样。每个孩子身上都会有缺点，但同样，每个孩子身上也都会具备优点。作为父母，我们与其总是紧盯着孩子身上的缺点去批评、去责骂，倒不如学会转换视角，把目光聚焦在孩子的闪光点上，然后为孩子贴上一个个充满赞美的“标签”，以此来激励孩子成长为更优秀的人。

每一位父母对孩子的爱与期待都是毋庸置疑的，我们总想给孩子最好的一切，也总希望孩子能成长为最优秀的人。但事实上，无论多么优秀的人，身上都存在缺点，没有谁可以做到事事完美，让所有人都满意。

孩子就更是如此了，缺乏自控能力的他们往往不可避免地具有很多缺点，他们从来都不是完美的。但如果我们总是死盯着孩子的缺点，甚至将其放大，变成一个个“标签”，贴在孩子身上，那么必然会对孩子造成非常重大的影响。反之，如果我们能够将目光聚焦于孩子的优点与长处上，通过赞扬孩子的优点与长处，来引导他们主动纠正自己的缺点和毛病，那么孩子就会在赞扬中变成越来越优秀的人。

即使孩子没有如你所愿，也不该心存偏见

在有自己的孩子之前，很多父母都曾畅想过无数次孩子的未来：他会成为一名优秀的科学家；他在音乐方面一定会很有天赋；他会像我一样做一名医生；他一定长得非常像我；他一定会和我一样拥有聪明的头脑……

父母对孩子有所期许并不奇怪，这就好比拆礼物盒，在答案揭晓之前，我们心中必然会对答案有一个想象和期许，希望打开盒子以后看到的，能是某件我们心仪已久的礼物。等到答案揭晓的那一刻，若事情真如我们所愿，那必然是好的，可即使未能如愿，在产生小小的失望之余，同样还是能收获一份惊喜。

然而，有的父母在这方面却非常较真，他们总是下意识地把孩子当成自己的私有物，一心想要把孩子塑造成自己期许中的样子，却完全不曾考虑孩子的心情。一旦孩子脱离掌控，或没有走上父母规划好的道路，他们就会直接判定孩子是“失败”的，不被“认可”的。

唐欣的父母就是这样。

唐欣的父母都是教育工作者，信奉“万般皆下品，唯有读书高”，认为只有读书好的人才有出息。在唐欣出生之前，父母就已经为她规划好了人生的道路。他们夫妻双方的家庭都是书香门第，家里人也都普遍从事教育工作，所以他们理所当然地认为，自己的孩子将来一定会成为一名出色的教师。

但令人意外的是，生长在这样一个家庭里的唐欣却从小就不爱读书，反而一直沉迷于穿衣打扮，这让父母感到郁闷不已。虽然女儿和期望中有很大差距，但唐欣父母还是下定决心，一定要努力把女儿培养成一个学霸，并让她将来能如父母所愿，成为一名优秀的教师。

一开始，为了能够得到父母的认可，唐欣也是努力了很长一段时间的，无论父母给她制订的学习计划有多么苛刻，她也都努力去配合完成。但久而久之，唐欣就发现，自己是真的毫无学习天赋，更重要的是，她根本就不喜欢讲课，不喜欢做老师。

对于自己的未来，唐欣并不是毫无计划的，事实上，她一直想要成为一名模特儿，可以穿漂亮的衣服，然后每天都把自己打扮得美美的。对于这样的理想，唐欣自然不敢告诉父母，她想着，如果自己能够做出一点儿成绩，那时候再向对父母坦白，或许还能有机会得到他们的一些理解。

于是，唐欣背着父母偷偷报名参加了市电视台举办的一个业余模特儿比赛，因为长相漂亮，时尚触觉敏锐，唐欣很快就在一众选手中脱颖而出，成为夺冠的大热门之一。

原本唐欣是打算等比赛结束之后，直接捧着冠军的奖杯来和父母“摊牌”的，但没想到，由于电视台转播比赛，决赛还没开始，就有亲戚从电视上把唐欣给认出来了，并立即告知了她的父母。

事情突然超出计划让唐欣措手不及，但她虽然有些忐忑，却也没有特别担心。自从参加比赛以来，唐欣一直都十分努力，而且对于自己的表现，她也是非常满意的。唐欣以为，她已经用实际行动证明了自己的能力，证明自己有资格吃“这碗饭”，所以父母一定也是能够理解她的。

可唐欣没想到的是，即使她拿出了不错的成绩，也没能改变父母的态度。父母始终认为，读书才是最正确的道路。最后，在父母的逼迫之下，唐欣只得遗憾地退出了最终决赛，与冠军失之交臂。

后来，在父母强硬的安排和唐欣一次次的妥协之后，她以一个十分平庸的分数考上了一所极为普通的师范学校，毕业之后又在父母的安排下去了一所乡镇上的小学里教书。

最终，唐欣只做了三年老师就直接辞职离开了学校。她是真的不喜欢做老师，更重要的是，她几乎每天都会忍不住去想，如果当初她没有向父母妥协，而是坚持参加完模特儿大赛，找到一份工作，那她的人生又会是怎样一番景象呢?

孩子不是让父母随意揉捏的橡皮泥，他们是一个独立的个体，是有权利决定自己的人生应该是什么样子的公民。父母对孩子有所期许并不奇怪，但即使孩子不能如父母所期望的那般成长，没有成为父母预想中的样子，父母也不应当心存偏见，甚至用强硬的手段去插手孩子的人生。

人生的道路从来不会只有一条。你喜欢音乐，他热爱美术；你想做科学家，他想当厨子。这都是没有任何问题的，没有谁比谁更高贵，不过是理想不同，天赋有所差异罢了。作为父母，我们能够给予孩子最好的东西就是尊重，尊重他们的理想和选择，尊重他们最终会长成的样子。

别人家的孩子，真比你家孩子厉害很多吗？

网络上经常有人调侃，这个世界上，最让人讨厌的孩子就是“别人家的孩子”。因为在成长的过程中，父母总会不断地把“别人家的孩子”拿出来作为对比的标杆，然后肆无忌惮地批评、嘲讽、打击孩子——

“为什么就考这么点儿分？你看看人家 ×××，你能有他一半我就高兴了！”

“××× 那孩子真是太优秀了，明明都是一个年纪，你和人家差距怎么那么大啊？”

“你就不能向 ××× 学一学吗？看看人家，再看看你自己，这就是差距！”

……

诸如此类的话，想必绝大多数孩子都曾从父母口中听到过。其实，父母这样做是完全可以理解的，他们总把“别人家的孩子”拿出来说事，或许是想给孩子在同龄人中树立一个榜样或者“假想敌”，通过这样的方式来刺激孩子的好胜心，让孩子变得更努力，更优秀。

有一位家长就曾坦言，他之所以总在自家孩子面前夸其他孩子，一开始纯粹是发发牢骚，真心觉得其他孩子特别优秀，让人羡慕。后来就想着，能不能通过这样的方式来刺激一下孩子，让孩子看看，和他同龄的其他孩子比他优秀这么多，从而产生羞耻心，然后自觉地努力学习、努力奋斗。

然而事实上，就现实情况来看，绝大多数的孩子最终都并未如家长所预期的那般，因同龄人的刺激而发愤图强。反而有很多孩子，在父母日复一日的比较和牢骚中，变得越来越不自信，越来越没有斗志。

丹丹就是这样一个被“别人家的孩子”比下去的“受害者”。

丹丹今年六岁，刚上小学一年级。在此之前，因为父母工作忙，丹丹一直生活在乡下爷爷家，直到到年龄上小学才被父母接回来。丹丹的性格本来就比较内向，乍然离开熟悉的环境，回到并不熟悉的父母身边生活，难免变得越发沉默和怯懦。而看着这样的儿子，丹丹父母心里的不满也与日俱增。

丹丹的邻居家有个和丹丹同龄的孩子，小名叫闹闹。闹闹虽然叫闹闹，却是楼里有名的乖巧“小神童”，小小年纪就知道帮妈妈做家务，还弹得一手好钢琴，性格也活泼大方，让人喜欢。

有了闹闹这样的孩子做对比，丹丹父母更是对丹丹不满意了，时常会在丹丹面前感慨：“你多向闹闹学学，你看看人家，你要是能赶得上人家一半，那就好啦！”

上学之后，丹丹发现，闹闹居然非常巧地和自己分在了一个班。丹丹心里其实很不高兴，倒不是他讨厌闹闹，而是这样一来，以后爸爸妈妈就更喜欢拿他和闹闹比了。果不其然，之后的日子里，但凡学校有什么小测验、运动会、音乐节，他都要被爸爸妈妈拎出来和闹闹一通对比，然后再被打击得体无完肤。

有一次，学校计划在儿童节的时候举办文艺活动，要求每个班级都必须出一个节目。丹丹班级出的是一个童话故事改编的小话剧，因为闹闹钢琴弹得好，于是就直接被推选做了男主角，到时候需要在舞台上进行一段钢琴独奏表演。丹丹本来性格就比较内向，在班上存在感也比较低，一直到最后才被老师想起来，随随便便被塞了个连台词都没有的清洁工角色。

原本丹丹也不是什么喜欢出风头的人，更不喜欢在舞台上被“万众瞩目”，所以他对清洁工这样完全“背景板”的角色也没有什么不满。但偏偏闹闹做了男主角，这让丹丹心里很不是滋味儿，耳边仿佛又开始萦绕父母的抱怨：“你怎么不学学人家……你怎么样样不如人家……你看看人家闹闹……”

想到一会儿回家后又将看到父母嘲讽失望的表情，又要听他们不断贬低自己、赞扬闹闹的话语，丹丹心底突然生出了一股极其烦躁的情绪。于是，在下楼梯的时候，他竟鬼使神差地伸出手，狠狠把闹闹从楼梯上推了下去，那一刻，他满脑子都是：“如果闹闹做不了男主角，我是不是就不用再被拿去和他比了……”

丹丹的行为让父母大惊失色，好在最后闹闹只是擦伤了手臂。而这一刻，看着满脸茫然又麻木的儿子，丹丹父母心中只觉百味杂陈，如果他们没有天天在丹丹面前抱怨，说他样样不如闹闹，是不是就不会发生这样的事情了呢?

人们常说，压力即动力。于是，很多父母为了激发孩子的斗志，让孩子更加努力地学习和生活，常常会把“别人家的 ×××”拎出来，设置成孩子的榜样或者“假想敌”。然而，很多父母却忽略了非常重要的一点：孩子对自我的认知是不成熟的，他们对自己的认知和定位，很大程度上是基于父母的评价与态度，所以，当父母天天在孩子面前赞扬别人，甚至故意用别人的优点与孩子的弱点相比来刺激孩子的时候，孩子很可能会对自己失去信心，并逐渐接受自己是个“无用的人”“失败者”这样的“设定”。

“揠苗助长”的故事相信每个人都听过，被人为“拔高”的秧苗是无法茁壮成长的，孩子也是如此。作为父母，我们应该给予孩子多一些耐心和自信，陪伴他慢慢成长，而不是人为地制造压力去逼迫他们前行。我们真正应该培养的，是孩子挑战困难和挫折的勇气，是面对失败的淡然，而不是让孩子沦为比较的牺牲品。

放下主观评判，孩子才能轻松前行

很多家长在评判孩子的时候，常常会带有自己的主观情绪，轻易就给孩子贴上一些十分刻板印象的“标签”。比如看到孩子比较活泼好动，就会说他是“捣蛋鬼”“惹祸精”；看到孩子不喜欢说话，就会认为他“内向”“孤僻”“不合群”；看到孩子不喜欢做家务，就会讲他“懒惰”“不卫生”；看到孩子学习成绩不好，就会断言他以后“没出息”……

或许在父母看来，这些评判不过只是随口说出的无心之言，但对孩子来说，这些评判却可能成为无形的枷锁，牢牢限制他们未来的发展。永远不要小看父母在孩子成长中的重要性，有时候，哪怕只是父母一句无心的话、一个无意识的举动，都可能会对孩子的成长造成不可磨灭的影响。

暖暖是个漂亮可爱的孩子，性格也文文静静的，从小就是个小淑女。

因为长得软萌可爱，很多叔叔阿姨见到暖暖都喜欢逗一逗她，有时候逗得狠了，暖暖就害羞地藏在妈妈怀里。每当这个时候，妈妈就会无奈地打趣暖暖说：“你呀，就是个‘门槛猴’，平时在家里不是挺大方的吗，怎么人一多还不好意思了！”

听妈妈这样说的次数多了，暖暖也开始觉得，可能自己就是妈妈所说的“门槛猴”吧。久而久之，在面对陌生的叔叔阿姨时，暖暖就变得更害羞了。

到了该上幼儿园的年龄，妈妈就把暖暖送到了社区的幼儿园。

幼儿园开学第一天，妈妈刚带着暖暖到幼儿园门口，就看到几个小朋友在号啕大哭，死死拽着家长的手不让走。看到这场面，暖暖不由得有些惊慌，拉着妈妈的手也紧了紧。

这时候，一个看上去很温柔的女老师走了过来，和暖暖妈妈打了个招呼后，就蹲在暖暖面前，笑着问她：“小朋友，今天是第一天来上幼儿园吗？你叫什么名字呀？”

暖暖这时还被刚才看到的场景惊得有些回不过神来呢，下意识就往妈妈身后躲了躲。妈妈赶紧有些尴尬地笑着和老师解释：“这孩子，太胆小了。平时在家里其实还好，就是一到外面，看到人一多，就变成胆小鬼了。唉，一会儿等我要走的时候，也不知道会哭成什么样子，老师您多担待一些……”

听到暖暖妈妈的话，老师有些惊讶，连忙打断了她说道：“没事没事，小朋友害羞一些很正常。”

说着，老师又温柔地看向了暖暖，对她说道：“老师相信你是个坚强勇敢的女孩子，一定会勇敢地上幼儿园，乖乖听话，等妈妈来接你的，对不对？”

暖暖偷偷伸出头看向老师，害羞地说了句：“我也不知道。”

老师又问：“那你想不想和老师一起去认识一下其他小朋友，

和其他小朋友交朋友一起玩呢？”

暖暖想了想，小心地点点头：“我想，可是我太胆小了，又很害羞，不敢和其他不认识的小朋友一起玩，妈妈经常这么说。”

很显然，虽然暖暖不是那种特别大胆活泼的孩子，但她也并没有妈妈所认为的那么胆小和害羞。可就因为妈妈一直根据自己的主观印象来评判暖暖，还一次又一次地强调这一点，让暖暖在无意识中受到了影响，以为自己确实就是这个样子的，甚至会下意识地调整自己的行为，让自己越来越符合妈妈口中所描述的那个形象。

其实，就像老师说的，大部分小孩子在面对陌生人时，难免都会表现得有些害羞，但这并不意味着孩子的性格就是胆小、怯懦的。这种时候，如果父母能够给予孩子一些正面的鼓励，告诉他们“你很勇敢”“你非常棒”，帮助孩子建立信心，那么久而久之，孩子就会在父母的鼓励下变得越来越开朗，越来越勇敢。可如果父母根据自己的主观臆断，草率地给孩子贴上“胆小”“害羞”“门槛猴”这一类的标签，那么无形中就会对孩子形成一种限制，让孩子从心理上认为自己确实是那样的人，最后变得越来越胆小。

更重要的是，每一个人其实都有被人肯定、被人夸奖的渴望，孩子更是如此。如果孩子总是从父母那里获得消极的暗示，那么长此以往，他们心中必然是很难拥有积极乐观的正面情绪的。所以，当父母发现孩子身上存在某些缺点时，最好不要草率地根据这些缺点去给孩子贴标签，而是应该以正面的说教和鼓励，来帮助孩子调动潜能，改正缺点。

需要注意的是，除了负面的评判，过分的正面评判同样会对孩子造成不好的影响。比如有的父母为了帮助孩子建立信心，常常会大力称赞他们“聪明”“优秀”“勤劳”等，这样的正面评判如果太过超出孩子本身的能力，同样会对孩子造成负担，让孩子为了达成父母的期望而不断强迫自己做出超出自身能力的努力。更重要的是，如果努力过之后也无法达成父母的期望，那么很可能会让孩子的信心彻底崩塌。

所以，如果希望孩子能够快乐健康地成长，那么父母就请放下你的主观评判吧，不要轻易给孩子贴标签、下定义，也不要想当然地给孩子“做人设”，用更多的耐性，陪伴他们自由成长，这才是父母能够给予孩子的最好的教育。

第6章 赏识与批评

——承认并接纳，才能让孩子的改变更加稳定而持久

在管理的时候，人们喜欢说赏罚分明，在处理人事的时候，人们讲究恩威并施，但在教育孩子的时候，很多人却走进了极端。有的人极度溺爱孩子，而有的人只喜欢简单粗暴地惩罚，这些都是不对的。而且，赏识和惩罚，也都要讲究方法，采取适当的方法才能得到你想要的结果，而不经过大脑的、冲动的、粗暴的、为了一时之气的做法，只能让情况越来越糟。

哪个孩子不是在错误中摸爬滚打

家里新买的家用电器，孩子总是能比父母更快更好地掌握使用方法，这不是因为孩子比父母更聪明，或者更善于学习，而是因为孩子不害怕犯错。

比如当孩子看到某个不知道有什么功能的按钮时，他们会直接按下去，通过实践来看看它究竟能干什么。父母则不然，他们往往会更加小心翼翼，对于那些不确定功能的按钮，可能要先找找说明书，然后再对照起来仔细研究。两相对比之下，孩子能比父母更快、更熟练地掌握一件新东西也就不奇怪了。

每个人其实都害怕犯错，都不想犯错。但很多时候，摆在我们面前的选择都是未知的，犯错的概率是50%，这种时候，如果因为害怕犯错就驻足不前，那么无异于因噎废食。其实，犯错并不是一件多么可怕的事情，尤其是在成长的道路上，哪个孩子不是在错误中摸爬滚打，一点点磨平棱角，将自己变成优秀的样子呢？这是人生的必由之路，也是成长的必由之路。

湘湘的妈妈是个非常小心谨慎的人，在做任何事情之前，都会尽力把每一个细节都考虑在内，尽可能地避免犯错。

在教育湘湘的时候，妈妈也是如此。不管湘湘打算做什么事情，妈妈都会让她在做事之前先列出详细的计划表，并且要尽可能把一切可能发生的意外状况都考虑在内，提前做好安排，以免做事时忙中出错。

本来小心谨慎也没有什么错，但对于湘湘来说，许多事情都是新鲜的、陌生的，是她不曾探索过的，这也就意味着，很多时候，湘湘其实并不知道，自己做出的选择会招致什么样的后果，或者可能会引发什么样的意外。这些对于她的小脑瓜来说，太过于复杂了。可是妈妈又总是一遍遍在她耳边提醒：凡事都要小心谨慎，考虑周全，以免犯错……

这样一来，在做很多事情的时候，湘湘不免就养成了踌躇不决、左右摇摆的习惯，因为她真的不知道，应该如何避免犯错，但同时，却又深深地担忧，万一自己做错了选择该怎么办。

有一年暑假，妈妈给湘湘报名参加了学校组织的“小学生暑期训练营”。这次学校组织的训练营旨在培养孩子们独立自主的能力，所以有差不多一周的时间，孩子是要离开家长独立生活的。

原本湘湘妈妈对湘湘独立生活的能力还是很有信心的，毕竟自己从小就在训练女儿学会有计划地去做事，只要女儿能按照自己所教导的，做任何事情之前都做好计划，把一切风险都考虑在内，那么就不容易出错，这样不管父母在不在身边，她都可以按部就班地把事情做好。

可没想到的是，刚把女儿送走的第二天，湘湘妈妈就接到老师的电话，通知她去把女儿接回家。老师告诉湘湘妈妈，训练营为了让孩子们学会独立，专门设置了一些小活动，来锻炼他们的能力。比如老师会特意安排一些游戏，并设置一些规则，让孩子们自主选择有限的几样工具，来完成游戏内容。

可不知道为什么，明明是非常简单的事情，其他孩子也都能够顺利完成，偏偏一到湘湘这里就出问题了。在选游戏道具的时候，湘湘就一直踟蹰不前，没有办法做出决定，哪怕老师一再告诉她，这只是一次游戏，哪怕失败了，选错了，也能重新再来一遍。等好不容易选好道具，在游戏环节中，湘湘又再一次卡壳。每每遇到一些她不熟悉的状况，湘湘就会停滞不前，每次都只敢小心翼翼地试探。

最后，老师还没说什么，湘湘却把自己给逼崩溃了。湘湘妈妈见到湘湘的时候，她正趴在桌子上埋头痛哭，嘴里不停地喊着要找妈妈呢。

湘湘妈妈怎么都没想到会是这样的结果，好不容易把女儿的情绪安抚下来之后，妈妈疑惑地问湘湘："为什么要哭呀？不就是个游戏吗？即使失败了，也不是什么大不了的事情。"

湘湘却红着眼睛看着妈妈，小声说道："不行，不能犯错，考虑不清楚，就会犯错误，妈妈说这样不对。可是妈妈，我真的不知道应该选哪个，我不想犯错，不想做坏孩子……"

听到湘湘的话，妈妈顿时愣住了，她一心只想着要教导女儿做事需小心谨慎，不要马马虎虎，却没想到，自己的耳提面命会给女儿造成这样大的影响，让她对"犯错"这件事情产生这样深的恐惧。

有人说，孩子的成长其实就是一个不断犯错的过程。从最初对这个世界的陌生，通过一次次的探索，在犯错与纠正中，一点点认识这个世界、了解这个世界，直到熟悉这个世界。而在这个漫长的过程中，每一次犯错都会让孩子增添一分收获，成为更加优秀的人。

所以，对于孩子可能犯错这件事，父母其实没有必要这么惧怕，更不需要时时刻刻提醒孩子不要去犯错，这样反而可能会阻碍孩子的健康成长。哪个孩子不是在错误中摸爬滚打，在挫折中愈战愈勇呢？人生中，有的错误是不可挽回的，那样的错确实不能犯；但在孩子的成长中，有很多错误其实都是可以挽回和弥补的，并没有什么大不了，反而还能成为孩子成长路上的试金石，帮助孩子在磨砺中一点点修正自己的行为，锻炼自己的能力，最终绽放出迷人的光彩。

别让惩罚成为教育孩子的唯一手段

在很长的一段时间内，中国大多数父母都是奉行“棍棒教育”的，甚至有“棍棒底下出孝子”这样的俗语。那时候，很多父母都认为，纠正孩子成长过程中犯的错误是父母的职责之一，而没有哪个孩子在成长过程中是不会犯错的，所以，父母惩罚孩子就成了一件再平常不过的事情。

确实，当孩子犯错时，给予他们一定的惩罚，才能让他们牢牢记住自己的错误，并引以为戒，改变这些不当的行为。但惩罚从来都不是教育的唯一手段，虽然合理的惩罚对孩子的思想和行为确实有一定的导正作用，但如果父母过分依赖惩罚的手段，甚至让惩罚超出了合理的范围，那么就可能对孩子伤害，甚至影响到孩子的身心健康。

一位教育专家曾说过，父母对孩子的不当惩罚，是会对孩子的健康成长造成很大影响的。如果父母总是对孩子的错误施与过分的惩罚，那么在孩子年幼时，就可能因为惧怕父母的怒火而长期陷入紧张焦虑的情绪之中，甚至导致严重的焦虑症；等进入青春期以后，长期的压抑和恐惧会使得孩子的叛逆情绪变得更为严重，甚至可能通过做出一些不理智的行为，来对父母的惩罚进行反抗和报复。

教育并不是惩罚这么简单，当孩子犯错时，我们真正要做的，是导正他们的思想，让他们从根本上认识到自己的错误。惩罚只是一种手段，一种让孩子明白，犯错是需要承担后果的手段，并不是我们的最终目的。所以，适当的惩罚能够帮助孩子更为深切地记住犯错将会带来的后果，但过度的惩罚却只会让孩子记住受到惩罚时的痛苦与恐惧，反而失去了本来的意义，甚至还可能让孩子因为惧怕父母惩罚的手段，而在下一次犯错时选择撒谎与逃避。

小敏的父母在她刚出生没多久的时候就离婚了，年幼的她被法院判给了妈妈。而在经历了这场不幸的婚姻之后，小敏的妈妈也不想再组成新的家庭，而是将所有的心血都倾注在了唯一的女儿身上。

或许是因为对女儿抱有的期待太多，小敏妈妈从小就对她要求十分严格，不管什么事情，都要求她做到最好，要是犯了错误，就也要受到更为严厉的惩罚。

3 岁的时候，小敏因为不小心摔坏一个玩具而被妈妈罚站了一晚上；4 岁的时候，小敏因为出去玩弄脏衣服，被妈妈惩罚在院子里用手洗了一下午的脏衣服；6 岁的时候，因为数学考试不及格，小敏顶着算盘跪在搓衣板上背了一百遍乘法口诀……

小敏就是在这样的环境下长大的，不管出于什么缘由，只要是做错了事情，或者达不到妈妈的要求，小敏就要接受各种各样的惩罚。久而久之，小敏不仅没能如妈妈所愿，成为一个“不犯错”的孩子，反而养成了隐瞒撒谎的习惯。每次一遇到什么事情，或者犯了什么错误，小敏首先想到的，不是弥补失误或认错道歉，而是想方设法地瞒天过海，或者满嘴谎言地推脱责任。

对于女儿的改变，小敏妈妈是怎么都想不通，明明自己已经对她管教得这样严格了，为什么她还是变成这样一个坏孩子了呢？有时候小敏妈妈甚至会想，是不是小敏天生就是个坏孩子，身上有“坏孩子的基因”，所以才怎么都管教不好。

但事实上，如果小敏妈妈对小敏的“管教”不那么严格，如果小敏妈妈在教育小敏时不一味只用惩罚的方式，那么或许小敏也不会像现在这样，因恐惧妈妈的惩罚而变成一个撒谎成性，不敢承担责任的人。

金无足赤，人无完人，哪怕圣人也难免有犯错的时候，更何况是孩子呢？当孩子犯错的时候，我们作为父母，最主要的责任，是引导他明辨对错，成为一个健全的人。要知道，很多时候，孩子之所以会做错事情，是因为他们并不明白这件事情是错误的，是不应该去做的。如果父母只一味惩罚，却不去教导他们，那么只会让孩子对父母的惩罚产生恐惧，却无法明白自己究竟错在了哪里。

教育孩子，惩罚不是目的，而是一种辅助的手段。当孩子犯错时，父母惩罚孩子，是为了让他们记住犯错需要承担的后果和付出的成本，如果不能达到这个目的，那么惩罚就失去了原本的教育意义，成为一种单纯的伤害。这样一来，我们不仅无法教育好孩子，反而可能会让孩子对我们产生敌意和恐惧，从而导致亲子关系的紧张和恶化。

所以，当孩子犯错时，父母一定要学会控制好自己的情绪，不要在愤怒情绪的影响下对孩子施与过度的惩罚。更重要的是，在教训孩子时，父母一定要记住，尽量避免说出一些具有贬低意味的话语，比如“你怎么那么笨”“你怎么那么不争气”等。这样的话语不仅无法让孩子明白自己的错误，还会伤害到孩子的自尊心和自信心，可以说是有百害而无一利的。

接受孩子的不完美，陪他一起做最好的自己

在每一对父母眼中，自己的孩子都是最完美也是最优秀的，这大概是源于父/母爱的“滤镜”加成。但有一些父母，他们不仅主观上认为自己的孩子是完美的，而且想从客观上要求孩子必须是完美的——孩子成绩不好，父母就整天逼迫孩子学习；孩子性格马虎，父母就时时唠叨提醒孩子要仔细；孩子表现不突出，父母就非得强逼孩子去学习一些特长……

在这些父母看来，自己的孩子应该是、也必须是完美的，而他们对孩子的种种“逼迫”，正是送给孩子成长中最好的礼物。他们信奉“吃得苦中苦，方为人上人”，认为一切的努力和挫折都是给孩子最好的礼物，也是成长过程中必须经历的事情。

诚然，每一分努力都必然会有回报，每一分耕耘都终究会有收获。但每个人的能力都是不同的，就像有的人天生聪慧，轻轻松松就能学成“学霸”，可有的人却偏偏在学习上没有天赋，哪怕天天挑灯夜读，也只能勉强混个及格。如果父母不顾孩子自身的能力，非要逼迫他们去做自己缺乏天赋的事情，那么不仅无法

帮助孩子成为更优秀的人，反而可能会给孩子造成巨大的压力。

萌萌是个活泼可爱的女孩，今年刚上三年级。她的爸爸妈妈都是大学教授，头脑十分聪明，但萌萌却似乎并没有遗传到父母的高智商，不仅没有展现出任何学习方面的天赋，就连成绩在班里也只是中游水平。

对于萌萌所表现出来的“平庸”，爸爸妈妈是有些无法接受的，他们总觉得，自己的基因那么优秀，怎么可能会生出这样普通的孩子呢？想当初，他们在学校的时候，那可都是赫赫有名的学霸啊。因此，他们认为，萌萌成绩之所以这样“差”，一定是因为她不够努力，没有把心思放在学习上，成天只想着玩耍。

有了这样的认知后，夫妻俩就对萌萌展开了“高压式”的教育方式，不仅给她报了许多补习班、兴趣班，还每天在课外给她布置了许多作业，制订了严格的学习计划，铆足了劲儿要把萌萌培养成一个学霸。

然而，即便萌萌父母使尽浑身解数，结果也并不理想。萌萌不仅没能提高成绩，反而因为父母的逼迫而产生了厌学情绪，本就一般的成绩更是一落千丈。这样一来，萌萌父母更是成天在萌萌面前唉声叹气。

萌萌虽然年龄小，在学习方面也不是特别有天赋，但她并不是什么都不懂。父母的态度让她非常伤心，每天都承受着巨大的心理压力。在这样的情况下，萌萌变得越来越沉默，性格也不再像从前那样活泼开朗了。

相比萌萌的遭遇，陈耀就要幸运得多。

陈耀是萌萌的同学，今年也上三年级。他和萌萌一样，也是个非常平凡的孩子，成绩一般，也没有什么突出的天赋。但陈耀的父母从来没有因此而“嫌弃”过他，也没有逼迫他非要成为一个学霸。

在陈耀父母看来，儿子或许有这样或那样的缺点，但同样也有许多值得称道的优点。他孝顺、善良、有责任、有担当，是个非常优秀的小男子汉。在父母的支持和理解下，陈耀虽然成绩一直都比较平庸，但在其他方面的发展却很好，成为一个非常优秀的人。

萌萌的父母因为无法接受萌萌的不完美而不断逼迫她，结果却给萌萌造成了巨大的压力，不仅没能达成父母的目标，反而给萌萌造成了无法弥补的伤害；而陈耀的父母却坦然接受了陈耀的不完美，并一直给予他鼓励和信任，帮助他树立自信，使陈耀最终成为一个优秀的人。

其实，在这个世界上，本来就不存在完美的东西。扪心自问，即使是作为父母的我们，难道就没有缺点吗？就敢说自己称得上“完美”吗？恐怕没有谁敢点头吧。那么，如果我们自己本身都有这样或那样的缺点，又为何不能接受孩子身上的“不完美”呢？

坦然接受孩子的不完美，耐心陪伴他成长，给他信心和力量，这才应该是父母对孩子最好的教育。每一对父母都应该明白，教育本就是一个漫长而细致的过程，孩子的成长是不可能一蹴而就的，必须一步一个脚印地走下去，如此才能成就最好的人生。

如果你愿意赏识孩子，他会演绎不一样的故事

有人说过这样一句话：“教育不是灌输，而是点燃。因为每个孩子身上其实都蕴藏着巨大的能量，我们应该做的，是学会如何去点燃他们，激发出他们的能量与天赋。而赏识，正是最佳的导火索。”

渴望被尊重、被欣赏，这是人性最本质的一种需求。而来自父母的尊重和欣赏，对孩子的成长更是有着不容忽视的影响。可以这么说，父母对孩子的尊重与欣赏，是帮助孩子建立自信的关键。反之，如果父母不懂得尊重和欣赏孩子，而是总把目光集中在孩子的缺点或不足上，时不时就对孩子进行一番“打击教育”，那么久而久之，孩子就会对自己失去信心，同时也失去努力和拼搏的动力。

或许是因为出生时难产的关系，洋洋比其他孩子开口说话晚，反应相比其他孩子也要慢一些。

妈妈一直觉得有些对不起洋洋，认为一定是因为当初怀孕时不够仔细，所以才造成了这样的结果。所以，即使洋洋学东西特

别慢，上学之后成绩也不太好，但妈妈从未因此而对洋洋有过任何苛责。

虽然父母对洋洋几乎没有什么要求，但却不意味着洋洋自己可以坦然接受自己不够优秀的事实。一直以来，洋洋都希望自己能够成为父母的骄傲，而作为一名学生，想要成为父母的骄傲，最有效的方式莫过于提升自己的成绩，把自己变成一名学霸。

可是，即使洋洋付出了比别人更多的努力，几乎把所有的闲暇时间都投入学习上，他的成绩也只能勉强达到班级的中游水平。这是洋洋第一次意识到，自己的头脑确实比其他孩子要愚笨得多，这个认知也让他感到十分沮丧。

洋洋的反常很快引起了妈妈的注意，在妈妈的循循善诱下，他很快就把自己的想法和心理历程说了出来。看着自己分数平平的成绩单，洋洋感到越发难过，十分沮丧地对妈妈说道："对不起，妈妈，我实在太笨了，我没有办法成为你和爸爸的骄傲。"

看着儿子伤心的样子，妈妈感到非常心疼，但她也不愿意去违心地安慰孩子，说他一点儿都不笨，以后一定能把成绩提上去。于是，妈妈想了想之后，认真地对洋洋说："每一个孩子都是不一样的，有的孩子擅长学习，轻轻松松就能考第一。但有的孩子呢，在学习方面确实没有什么天赋，哪怕再怎么努力也没办法有太大收获。但学习并不是唯一值得人们夸赞的优点呀！"

听到妈妈这么说，洋洋惊讶地抬起了头。妈妈笑着接着说道："就像有的小朋友，他虽然不怎么擅长学习、考试，但是他在其他方面也可以做得很好。比如他很听话，又很勤劳，经常在家里帮助妈妈做家务；又如他的画画得很好，色彩搭配还获得过老师的夸奖；再如他的性格也非常讨喜，很多小朋友都愿意和他一起玩……”

妈妈的话让洋洋的眼睛亮了起来，他羞涩地笑着问道：“妈妈说的这个小朋友是不是我呀？”

妈妈温柔地抱了抱洋洋，坚定地告诉他：“对，妈妈说的这个特别好、特别优秀、特别讨人喜欢的小朋友，就是我们家的小洋洋呀！”

后来，洋洋还是没能成为学霸，他的头脑依旧不是太聪明，最终也只考上了一个普通的二本院校。但他活得很快乐，人缘也很好，交了许许多多的朋友，还出版了一部自己的漫画作品，受到许多读者的喜爱。

有人说，赏识的本质其实是爱，父母学会赏识孩子，其实就是学会了如何去爱孩子。就像洋洋的妈妈那样，因为她爱洋洋，所以能看到他身上的闪光点，而她对洋洋的赏识，则帮助洋洋在沮丧和迷惘中重建了自信，同时也找到了努力的方向，从而得到了更好的成长。

需要注意的是，有一个细节不知大家是否有留意到？那就是当妈妈知道洋洋沮丧的原因之后，她并没有去安慰洋洋，说他“不笨”“很聪明”，或者告诉他“以后继续努力一定会成功”。因为她很清楚，自己的儿子确实头脑不够聪明，即便付出再多努力，得到的回报也是十分有限的。所以，她从未想过要给儿子虚假的希望，让儿子继续奔着无法实现的目标浪费精力。

很多父母在对孩子进行赏识教育的时候，很容易就会忽略这一点，他们只一味地夸奖孩子，却忽略了孩子自身的真实能力，结果一不小心就可能让孩子对自己的真实实力失去判断力，以为自己真的像父母口中所说的那样厉害，从而产生盲目的自信。这样一来，如果日后孩子发现自己通过努力依旧无法达成既定目标，就可能在一次次的失败中彻底陷入自我怀疑，到那个时候，再想让孩子重建自信，就非常困难了。

所以，父母在对孩子进行赏识教育时，一定要注意客观事实。赏识不是空口白牙的盲目夸奖，而是应该确实建立在孩子的优点和长处之上的赞赏。世上从不存在一无是处的人，哪怕再弱小的人身上，也存在值得称道的地方。父母只要用心去观察，摒除固有的偏见，就一定能在孩子身上发现闪光点。

批评孩子时，切忌动不动就翻旧账

很多父母在批评孩子的时候，都有一个很不好的习惯，即“翻旧账”。明明讲的是这件事，却总能把以前犯过的错再拿出来说一遍。

父母“翻旧账”或许是想提醒孩子，要记得曾经有过的教训，不要再犯同样的错误。父母的用心虽然可以理解，但事实上，他们的做法却不会起到任何效果。相反，父母越是喜欢“翻旧账”，往往就越是容易激起孩子的逆反心理，让孩子不愿意听从父母的吩咐。

试想一下，当你犯了某项罪，并因此接受了惩罚之后，事情明明已经过去了，可一段时间之后，又有人提起你犯的罪过，让你再接受一次惩罚，你会有什么感受呢？不管孩子曾经犯了怎样的过错，既然已经过去了，那么就意味着父母在当时已经完成了对孩子的惩罚。既然如此，那么这件事情就应该彻底翻篇，而不是成为父母一次次用以批评和辖制孩子的“把柄”。

没有任何人会喜欢被人不停地揭伤疤，孩子同样也是如此。

对于孩子来说，曾经犯下过错的记忆当然不是什么好的事情，尤其是当他们真切地意识到自己的错误，那段记忆会让他们感到羞愧。在这种情况下，如果父母总是一遍遍拿出来说，甚至当众揭开这道伤疤，那么无异于在一次次地给孩子负面心理暗示，让孩子一次次重复“被惩罚”的羞愧感。当孩子的承受能力到达临界点之后，逆反情绪就被激发出来了，孩子很可能干脆就直接破罐子破摔，甚至用故意重复错误的方式来与父母对抗。

上小学的时候，很多孩子对各种小零食都是毫无抵抗力的，小军同样也是如此。但小军的妈妈非常注重孩子的饮食卫生，一般是不会允许小军到外面小摊上买东西吃的，所以也不会给小军零花钱。

刚上一年级的时候，小军看着班里的同学几乎都有零花钱去买小零食，着实羡慕了许久，他也曾经和妈妈提出过“申请”，但却被妈妈无情地驳回了。虽然妈妈也给他准备了一些家里自制的小饼干，但小军还是特别羡慕那些可以自己拿钱去买东西吃的同学。

有一次，小军爸爸应酬回来就随意把钱包丢在沙发上，自己回房间倒头就睡。小军看着沙发上的钱包，又想到垂涎已久的小零食，于是忍不住，偷偷从爸爸钱包里抽走了十块钱。

后来，这事还是被妈妈发现了，小军被爸爸和妈妈严厉地批评惩罚了一通，小军自己也感到十分羞愧，哭着向妈妈保证，自己以后一定不会再做这样的事情。

原本以为这不过是人生中的一个小插曲，小军在认识到自己的错误之后也非常羞愧，下定决心不再犯同样的错。可没想到的是这件事发生过后几个月，小军因为在学校和小伙伴打架被叫了家长，妈妈把小军带回家之后，非常严厉地责骂了他，骂到后来，妈妈突然冲着小军说了一句：“你怎么变成这个样子？不是偷钱就是打架，你以后是不是要做小混混，天天去混社会啊！”

听到妈妈的话，小军难堪地低下了头，想起几个月前的偷钱事件，他的心里非常羞愧，无声地祈求着妈妈不要再说下去了。

后来，小军发现，每次自己只要犯错，妈妈一批评自己，就会不停地“翻旧账”，一遍遍提醒着自己偷钱是错的，打架是不对的，以后不能做小混混。一开始，听到妈妈提起自己曾经犯的错，小军心中还会感到羞愧和难堪，但后来，听的次数多了，小军就感觉自己似乎有些麻木了，甚至有时候还会忍不住自暴自弃地想：“反正我就是个坏孩子，又偷钱，又打架，以后真去做小混混算了，还不用辛辛苦苦学习！”

对小军来说，曾经的他确实犯过错，但他也为自己的错误付出了代价，接受了父母的批评与惩罚。这次令他难堪和羞愧的经历一直埋在记忆深处，他也的确认识到了自己的错误。如果这件事到此为止，彻底画下休止符，那么相信小军也会一直牢记这次教训，自觉约束自己的行为。

可是，妈妈却把这件事一遍遍拿出来说教，让小军一次次重复着那种羞愧和难堪的感觉。对小军来说，他明明已经很努力地改正错误了，可为什么即使如此，还是要被一次次地否定呢？这是不是意味着只要犯过错，即便以后改正了，也依然会被否定呢？一旦产生这样的想法，小军心底的不满和逆反情绪就被激发出来了。

所以说，父母要学会原谅孩子的错误，不要总把已经过去的事情揪住不放。孩子的记性并没有我们所以为的那样差，孩子也并不像我们所认为的那样“记吃不记打”。作为父母，我们应该学会多给孩子一些信心，不要总是因为害怕他们犯错就一直在他们耳边喋喋不休，这样反而可能会引发孩子的逆反情绪。

请记住，无论任何时候，批评孩子都应该就事论事，只讨论当下的错误，不要牵扯其他，尤其是那些已经“翻篇儿”的事情，就应该让它永远过去。只有让孩子明白，虽然他们犯了错，但只要改正错误，就一定能得到原谅，这样孩子才不会因为害怕而在犯错后选择逃避。

让批评成为父母与孩子的“小私密”

大人们都爱面子、讲尊严，但在教育孩子的时候，却又总是容易忽略孩子的面子和尊严。比如像这样的一些场景，现实生活中其实并不少见。

孩子在公众场合做错事情，家长直接生气训斥，引得周围人频频侧目。

老师叫家长到学校谈话，家长直接在老师办公室斥责孩子，甚至直接上手打骂。

父母和邻居聊天，直接当着孩子的面高声向邻居数落孩子的种种缺点……

很显然，对于中国很多父母来说，批评孩子似乎并不是什么私密的事。甚至还有的父母认为，当众批评孩子效果要更好，因为当众批评，能更有效地刺激孩子产生羞耻心，让孩子更深刻地认识到自己的错误，并牢牢记住这个教训，下次再遇到类似的情况时，就不会轻易犯错了。《朱子家训》中也说，要“堂前教子，枕边教妻”。

可是，这样的想法真的正确吗？我们在批评孩子的时候，真的不需要考虑他们的面子和尊严吗？答案当然是否定的，哪怕是年幼的孩子，同样也会在意自己的面子和尊严。让孩子在众人面前丢失尊严，确实能够让他们感到羞耻，但同时，这也是对孩子的一种伤害。更重要的是，面对这样的伤害，孩子或许会因惧怕而牢记教训，但却未必真的能明白自己究竟错在了哪里。

周舟爸爸去学校开家长会的时候，被老师单独留下谈话。老师告诉周舟爸爸，这段时间周舟参加了学校的篮球队，课外花了很多时间去打篮球。原本老师是非常鼓励孩子们参加课外活动的，但周舟显然把过多的时间和精力都投入了球场上，已经明显影响到了学习成绩，而且有好几个科目的老师也反映过，说周舟已经多次没有交作业了。

老师的话让周舟爸爸非常生气，尤其是当他在篮球场上看到儿子正在和几个同学打篮球的时候，更是气愤得不行，大声把周舟从篮球场上叫了下来。就在他准备怒斥儿子一番的时候，周舟爸爸突然想到许多年前发生过的一件事情。

那时候，周舟才刚上幼儿园，有一次，周舟爸爸在和一个邻居聊天的时候，提到了周舟尿床的事情，结果没想到，就因为这事，周舟足足生了三天的气，觉得爸爸损了他的面子。而且在之后的一个多月，周舟只要见到那个邻居就一定会避开。

想到这里，周舟爸爸控制住了自己的情绪，没有当众斥责周舟，而是心平气和地告诉他："我有事和你谈谈，跟同学说一声，今天先回家行吧？"

其实，早在看到爸爸气势汹汹地走过来时，周舟就感觉到不妙了，尤其想到自己最近一段时间的表现，心里更是虚得不行。本来以为可能要在操场上迎接一顿来自老爸疾风骤雨般的咆哮，可没想到，居然还能逃过一劫。周舟心中庆幸不已，一分钟都不敢耽搁，赶紧和同学告了别，跟在爸爸后头乖乖回家了。

经过一路的冷静，周舟爸爸的情绪渐渐稳定下来，回到家后，他也并没有责骂周舟，而是心平气和地问他："知道我要和你谈什么吗？"

周舟有些心虚地点了点头。爸爸接着说道："那你自己怎么想的？觉得这段时间自己的表现怎么样？"

周舟想了想，有些羞愧地说道："对不起，爸，我知道错了。"

之后，父子二人进行了一番平静而深入的谈话，整个过程，周舟爸爸都没有训斥周舟，因为还没等他说什么，周舟就已经主动对自己这段时间的表现做了总结，并进行了一番深刻的反省。

如果当时在操场上，周舟爸爸没有控制住自己的脾气，直接当着众多同学的面把周舟痛斥一顿，那么父子俩的一场争吵恐怕就避免不了了。虽然周舟也知道自己犯了错，但如果爸爸直接让他在同学面前下不来台，丢了面子和尊严，那么恐怕他心中的愧疚立马就会被难堪和愤怒的情绪掩盖了。

其实，人都是有道德感的，做错事情都会懂得羞愧。孩子同样如此，父母真的没有必要特意通过"当众批评"的方式来刺激孩子的羞耻心。凡事都讲求一个适可而止，父母批评孩子同样如此，过度地刺激孩子的羞耻心，不仅不会让他们更深刻地认识自己的错误，反而可能让他们在丢失面子和尊严的刺激下，直接变得自暴自弃，对父母充满敌意。

所以，当孩子犯错的时候，还是把批评当作父母与孩子之间的“小私密”吧。找一个安静的地方，最好不要有外人出现，冷静地和你的孩子好好谈一谈，让他在认识到自己过错的同时，也能保留一些面子与尊严。

批评孩子时，这几句话一定不能说

每一位社交大师都曾警告过我们，不要在愤怒的时候张嘴说话。因为愤怒往往会冲昏我们的头脑，让我们口不择言地说出懊悔终身的话。要知道，很多时候，语言对人造成的伤害，往往要比拳头更厉害。拳头打伤的是人的身体，而语言攻击的却是人的灵魂。身体上的伤痛是肉眼可见的，但灵魂上的伤痛却捉摸不定。

与大人交往尚且如此，在面对孩子时，我们更应该慎重。但可惜，很多父母其实都没有这个意识，他们常常会在愤怒的支配下对孩子说出一些口不择言的话，过后却又忘得一干二净，丝毫不曾放在心上。

父母总以为，亲子之间的关系是牢不可破的，随口一两句话并不会造成多大的影响。然而实际上，父母对孩子的影响远超我们的想象。很多孩子其实都是非常缺乏安全感的，他们依赖父母，同时又总会因为一点点的事情就开始担忧父母会不会不喜欢自己，会不会不要自己。也正是因为有这种潜在的不安全感，所以每当孩子因为某些事情要暂时离开父母时，才会哭闹不休，难以接受。

相比成年人来说，语言对孩子的伤害往往要更严重，因为绝大部分孩子的性格都远比成年人要敏感和脆弱。而且，孩子的思维和阅历，往往也无法让他们清晰地判断出父母的言语究竟是真实的想法，还是冲动之下的口不择言。所以，为了避免伤害孩子脆弱的心灵，父母在批评孩子的时候，一定要控制好自己的情绪，想清楚哪些话能说，哪些话绝对不能说。

那么，为了孩子的身心健康，在日常生活中，有哪些话是父母绝对不能对孩子说出口的呢？

第一：“你怎么就不能像 ××× 一样呢？”

父母总是喜欢乐此不疲地把孩子和“别人家的孩子”相比，并且还常常把“你看看 ××× 多优秀”“你怎么就不能像 ××× 一样”“你学学 ×××”这样的话挂在嘴边，以为这样就能刺激孩子产生好胜心，从而发愤图强，加倍努力。

但实际上，我们不妨试想一下，如果你总是被拿去和另一个人比较，还每次都输得特别惨，你最信赖、最亲近的人还不断地在言辞中抬高对方，贬低你，你会怎么样？想必即使不迁怒那个总被拿来和你相比还总压你一头的人，恐怕也很难对对方产生好感吧？

孩子其实也是这样，当父母不停地用这种方式刺激他们时，他们只会觉得越来越讨厌那个一直被父母夸奖的孩子，甚至连带对父母也反感起来。所以，当父母觉得孩子身上存在什么缺点，或者希望孩子做出什么努力的时候，不要总想着拐弯抹角地用其这种方式去刺激孩子，有时候正面的引导和鼓励往往能收到更好的效果。

第二：“让大家都来看看你这什么样子！”

当父母在批评教育孩子的时候，如果孩子表现得不配合，很多父母就会通过“引进外援”的方式来对孩子施加压力。比如跟孩子说要把他犯错的丑事告诉老师同学，或者要让所有人都来看看他是怎样一个坏孩子之类的。

这样带有威胁性质的话语确实能在一定程度上对孩子造成压力，但同时也会刺激孩子对父母的反感情绪，觉得父母一定是不爱自己，所以才会叫外人来羞辱自己。更重要的是，我们之前说过，很多时候，孩子其实是无法判断父母说出的话的真实性的。而很多父母在说出这样的威胁性话语，达成自己的目的后，可能转头就忘记了，只留孩子一人惶惶不可终日。

其实，批评本来就应该是父母和孩子之间比较“私密”的一件事。当孩子不配合的时候，我们可以和他们讲道理，甚至制定一些惩罚措施，但最好不要牵扯到其他的人，尤其是用威胁的手段，这会让孩子对父母失去信任，甚至产生抵触心理。

第三：“你就不能让我安生一点儿吗？”

在面对压力时，每个人都会有感到疲倦的时候，会因为层出不穷的麻烦而失落沮丧，并产生逃避的心理。

父母也是普通人，也会有疲倦的时候，当工作和家庭的压力齐齐涌来的时候，即使是面对着最疼爱的孩子，父母也难免会少了几分耐性。这个时候，如果孩子再惹出什么大麻烦，那么恐怕立马就会点燃父母的情绪。在这样的情况下，很多父母可能就会忍不住对孩子说出诸如“你就不能让我安生一点儿”这样的话。

很多人可能觉得，这不过是情绪爆发之下随口说出来的一句话，对孩子能有什么影响呢？我们说过，孩子其实比大人要敏感得多，他们可能未必能清楚地明白这句话的意思，但他们却能感觉到父母说出这句话时候的情绪。这很可能会让孩子产生一种“原来我不被需要”以及“我是累赘”的想法，变得更加缺乏安全感，而这样的变化对孩子未来的身心健康显然都是极为不利的。

第四：“我真希望从来没有你这样的孩子！”

这句话绝对是所有话语中对孩子造成伤害最大的一句话，当父母对孩子说出这样一句话的时候，无异于亲口否认了孩子所有的一切，甚至于是孩子存在的意义。这对孩子而言完全可以说是一种毁灭性的打击，尤其是那些心理承受能力比较弱，性格也比较敏感的孩子，父母若说出这样一句话，很可能会成为他们一生的梦魇。

其实，很多父母发出这样的感叹未必就是真心话，他们可能只是在当时心情很差，需要通过这样的方式来宣泄一下负面的情绪。但这样的话对孩子来说却是极为可怕的，在日后漫长的岁月里，他们可能会一遍遍想起父母曾经说过的这句话。尤其是当父母对他们的某些行为表现出失望或不赞同的情绪时，这句话必然会像诅咒一样在脑海中响起，让他们不得不去怀疑一切，甚至是痛恨一切。

请记住，父母在面对孩子的时候，无论什么情况下，都要控制住自己的情绪和语言，别因为一时的生气，就给孩子造成永不磨灭的伤害。

第7章

情绪背后

——陪伴孩子的喜怒哀乐，和孩子一起化解消极情绪

年龄小的孩子没有自控力，很容易产生消极情绪，做出不当行为。这本是正常的现象，可做父母的需要明白，我们可以接纳和理解孩子的坏情绪，却不可放任和纵容孩子的坏情绪。多一些耐心、多一些温柔，帮孩子化解消极情绪，教孩子学会管理情绪，才是明智之举。

贴心体察，及时发现孩子情绪异常的征兆

诗人菲利普·拉金曾说：“他们害了你，你爸和你妈。虽然不是故意的，但他们的确害了你。”现实生活中真的存在这样的父母，因为他们不懂孩子，无法及时发现孩子情绪的异常。

孩子因为心爱的玩具被人抢而伤心地哭泣，父母却抱怨孩子不乖巧、不懂得分享。孩子因为演讲没获奖而产生挫败感，一整天闷闷不乐，父母却谈论着愉快的事情。孩子说“妈妈，我不想和 ×× 玩了”，满脸都是委屈，父母只是随意地回答：“那就别和他玩了，学校不是有很多同学嘛！”

父母本是孩子最亲密的人，可因为缺少细心和耐心，成为伤害了孩子的人。父母体察不到孩子的伤心、委屈、难过，自然就无法合理、积极地帮助孩子管理自己的情绪。这样一来，孩子就会认为到父母不关心、不理解自己，时间长了，很容易隐藏自己的情绪，不再和父母表达。之后，孩子的情绪被压抑在心里，最终导致敏感、抑郁、焦躁等一系列心理问题。

萱萱是个 13 岁的女孩，一直都乐观积极、爱说爱笑，可最

近有些情绪低落，还忧心忡忡的。她时常问妈妈："妈妈，我是不是不漂亮？""妈妈，你喜欢我吗？"妈妈开始还肯定她，说她漂亮、喜欢她，可没几次就被问烦了，故意说："你就是不漂亮，要不是你是我女儿，我早就不理你了！"听了这话，萱萱情绪顿时更低落了。那几天她做什么事情都提不起精神，晚上还躲在被子里偷偷地流泪。

萱萱还爱"臭美"，多次让妈妈买漂亮的裙子和头花，要求妈妈给自己梳一种花形的辫子。一天早上，萱萱又让妈妈梳辫子，可梳这样的花形辫子很费时间。妈妈有些不耐烦，责骂说："小孩子就这么臭美，真是太过分了！我怎么看不见你把心思放在学习上，要是好好学习，你早就能考出好成绩了！"

被妈妈责骂后，萱萱伤心地哭了，低着头不说话。妈妈不仅不安慰，反而继续责骂："哭什么哭？不就是说你一句，有什么好哭的。"

就这样，萱萱情绪越来越低落，越来越不爱说话。后来还是老师发现了萱萱的情绪异常，和父母反映她最近情绪非常不好，不再喜欢说笑，也不愿和同学交往。萱萱父母这才开始重视起来，询问萱萱出了什么问题。原来萱萱最近被朋友排挤了，被说不漂亮、学习不好，还被嘲笑整天梳个马尾。萱萱非常伤心，产生了被抛弃感和自卑感。

她询问妈妈是否喜欢自己，开始变得"爱臭美"，就是想寻得一丝心理安慰，打开内心的心结。结果妈妈不仅没发现萱萱情绪的异常，还否定她、责骂她，无疑又给萱萱造成了更大的伤害。

做父母的需要知道：大人认为微不足道的小事，对于孩子来说或许就是惊天动地的大事。及时发现孩子的不安、伤心、纠结、失望等负面情绪，并且耐心听孩子的内心感受，如此才能很好地化解和疏导。

然而据调查显示，有 70% 以上的父母从未耐心地听孩子讲话，有 50% 以上的父母时常抱怨不知道孩子究竟在想什么。在这样的情况下，即便父母每天和孩子在一起，每天和孩子交流，又有什么意义？你察觉不到孩子的不开心，理解不了孩子的愤怒，甚至把孩子的哭闹误认为无理取闹，那么如何让孩子信任你、亲近你？

或许由于一些生理原因和环境因素，有些孩子不善于表达情绪，可正是因此，才需要父母多一些细心和耐心呀。孩子原本积极开朗，爱说爱笑，突然变得沉默寡言，肯定是有什么心事。孩子情绪不高，时常欲言又止，肯定是有什么话想和父母说。孩子突然说一些伤感的话，表现出焦躁不安的状态，肯定是受到了什么打击。

身为父母，你无须完美，但必须读懂孩子。你无须事无巨细，但必须及时发现孩子情绪的异常。贴心体察孩子的喜怒哀乐，分享孩子的快乐、高兴，化解孩子的不安、伤心，才能给予孩子最好的陪伴。

巧妙提问，让孩子自愿道出他的小心思

父母和孩子本是亲密无间，无话不说，彼此信任。小时候，孩子有什么事情都会和父母说，今天幼儿园发生什么事情，今天做了哪些高兴的事情，今天 ××× 又惹到了他。可慢慢地，随着孩子一天天长大，亲子关系好像出现了问题，很多父母不再愿意倾听孩子说话，孩子也不再愿意表达自己的情绪、想法和心思。

于是，父母认为孩子很难沟通、不听话，只会做一些莫名其妙的事情，只会和自己作对。殊不知之所以这样，是因为父母忽视了和孩子的沟通，进而被孩子排除在心门外。所以，父母要做的应该是更多地了解孩子，让孩子多开口说。孩子说得多了，说高兴的事情不高兴的事情，说感兴趣的事情反感的事情，说烦恼的事情困扰的问题……如此一来，父母才能走进孩子的内心，把话说到孩子的心里，进一步拉近感情的距离。

上中学的雨泽和父母就像朋友，平时无话不说，谈心说笑更是家常便饭。这是因为雨泽的父母善于和孩子交流，总是能温柔

地提问，打开孩子的心扉。最近，雨泽的老师和父母反映：雨泽好像和一个女生走得很近，担心出现早恋的倾向，希望父母能多关注和引导，以免孩子早恋并耽误学习。

雨泽父母知道，对于孩子来说，这是一个敏感问题，若是提问不恰当很容易让孩子反感，从而引起反效果。于是，周末吃完晚饭后，父母和雨泽谈到了两人年轻时恋爱的事情，说起了那时的浪漫和美好。

雨泽听了之后，笑着说：“爸爸妈妈好幸福啊！从浪漫的恋爱到婚后的幸福，真的让人羡慕。我以后也要谈一场浪漫的恋爱！”

这时，爸爸正好抓住时机提问：“你小子是不是有喜欢的女孩子了？”

雨泽笑着说：“我确实对一个同学有好感，喜欢和她聊天，喜欢和她讨论问题。我不知道这是不是喜欢。”

爸爸笑着问：“那你觉得什么是喜欢？”

雨泽说：“喜欢就是和她在一起就高兴，想一起读书、上课、聊天。对吗？”

爸爸想了想，说：“你说的也对。其实喜欢就是心动的感觉，看见她就高兴，看不见就想念。你有这样的感觉吗？”

雨泽脸红了，不好意思地点了点头。

爸爸也笑了，问道：“那个女孩漂亮吗？是什么样子啊？”

雨泽说：“她也不算太漂亮，但是文静、温柔，学习好，还乐于助人。”

爸爸继续说：“孩子，你这么大的孩子，对女孩产生好感是正常的。爸爸妈妈也是从你这个年龄过来的，知道青涩的喜欢是什么感觉。不过，你应该知道，你现在年龄还小，应该把学习放在第一位。我不是不让你和女孩来往，也不是说你不能喜欢女孩。我希望你能和那个女孩维持美好的同学关系，而不是过早地恋爱。等到你上了大学，依旧喜欢她，而她恰好也喜欢你，你们再恋爱，是不是就更美好了？”

雨泽想了想，然后说：“我知道了，爸爸妈妈。我要和女孩保持美好的同学关系，一起学习、一起进步。等我们上了大学，如果我还喜欢她，我再表白。”

雨泽的父母是聪明的，用温柔的提问获知了孩子的心事，并且引导孩子正确地处理青春期的感情问题。试想若是雨泽父母强硬地提问：“你是不是早恋了？”或是咄咄逼人地提问：“你和那女孩什么关系？”“你们是不是在谈恋爱？”“什么时间开始的？”“为什么要早恋？”……结果只能让雨泽愤怒、反感，然后滋生叛逆心理，故意“早恋”来表达不满。

所以说，提问也是有技巧的，并不是所有的提问都能打开孩子的心门。很多父母很关心孩子，于是不管孩子做什么都喜欢刨根问底，就算孩子已经明显不耐心，仍一个劲问个没完没了。“你去哪里？”“和谁去的？”“都干什么了？”“你为什么不开心？”“发生了什么事情？”“为什么不说话？”……类似的追问，怎么可能让孩子愿意说话？

还有些父母提问时态度强势、咄咄逼人，一旦孩子犯了错，便一连串地逼问：“你做错了吗？”“你觉得你哪里错了？”“下次还犯吗？”“你知道错了吗？记住了吗？”……一连串的逼问，给孩子带来巨大的心理压力，让孩子内心产生恐惧，教导怎么可能有效?

不管孩子多大年龄，都希望父母理解和尊重自己。所以，做父母的应该记住：你的提问不是审问，更不是逼问。采取恰当的提问方式，引导孩子说出他的心里话，才能建立完美的亲子关系。

倾听安抚，给孩子释放委屈的安全环境

西方有这样的一句话：上帝赐给我们两只耳朵、一个嘴巴，目的就是要我们少说多听。这句话很好理解，就是告诉我们：倾听是人与人沟通中至关重要的。

倾听是亲子沟通的前提。很多时候，孩子情绪不好，向父母表达情绪，就是想告诉父母：我有话对你说！我想要得到你的支持、理解和安慰！这个时候，父母只有接纳和倾听孩子的情绪，让孩子把情绪发泄出来，才能促进亲子良好沟通。父母只有带着耐心和爱心倾听孩子的各种情绪，才能给予孩子最高质量的爱。

然而，似乎很多父母做不到这一点。一个男孩离家出走了，直到晚上 10 点还没回家，老师和同学都不知道他去了哪里。一时间，父母都急疯了，报了警，发动小区邻居寻找孩子。结果，在离家不远的公园里，父母发现孩子正伤心地哭泣。

男孩为什么会离家出走？又为什么伤心哭泣？其实，这与父母不懂倾听和安抚孩子的负面情绪有很大关系。当天，男孩在学校和同学发生了冲突，体育课上同学奔跑时摔倒，以为是被他

绊倒的，不由分说就狠狠推了他一下。

男孩耐心地解释："不是我绊倒你的！我离你还有好几步远呢！"

可同学依旧把责任推给他，男孩急坏了，大声反驳："是你不小心摔倒的，你不要冤枉我！"大部分同学都相信那个同学，认为他有错不承认，不愿意再和他玩。这让男孩情绪很低落，委屈得想大哭。

回到家后，妈妈看出男孩的不高兴，便随口询问："你怎么了？好像不太高兴！"

男孩想要向妈妈述说委屈，说："我同学摔倒了，认为是我绊倒的……"他话还没说完，妈妈便打断说："那你就道歉吧！"

男孩大声反驳道："不是我，是他误会了……"

妈妈再次开口，批评说："不是你就不是你！你这孩子喊什么，有什么话不能好好说嘛！"

这个时候，男孩的情绪已经崩溃了，伤心地大哭起来。妈妈不仅没有安慰，反而埋怨起来："你是男孩子，这么容易就哭泣，真是太丢人了！这么小的事情，难道还值得哭吗？……"

男孩有委屈说不出，坏情绪无法释放，内心感到无比悲伤。他心想：为什么没人相信我，为什么没人听我说话？我是没人爱的孩子，妈妈也不爱我。想着想着，男孩就离家出走了，可一个小孩哪有地方可去，就只能在公园里独自悲伤。

幸好男孩没走太远，很快就被父母发现。若是出现了意外，恐怕父母再后悔也无济于事了。

事实上，很多父母不关注和接受孩子的情绪，认为小孩闹情绪没什么大不了的。一旦发现孩子情绪不好，便开始气急败坏，质问“你又闹什么”，或是一味压抑孩子的情绪发泄，“不许哭，就你事多”。可这些父母不知道，这样的做法对于孩子的心灵健康是非常有害的。

人从出生开始，就有各种好的坏的情绪，高兴、愉快、悲伤、愤怒、委屈、抱怨等情绪都是内心最真实情感的反映。情绪得到释放，孩子才不会郁闷、暴躁，内心才能感受到安全和舒适，从而更加快乐和积极。可相反的是，孩子的不良情绪不被接受，没人倾听，就得不到疏导和释放，就很容易产生负面情绪。就好像气球，你一直吹气，气球终有爆炸的时候。

所以说，父母应该多关心和关注孩子的情绪，当孩子情绪不好或发泄情绪时，耐心地询问和倾听，了解孩子情绪背后的真相。同时，倾听不是敷衍，若是父母只是表面在听，给予孩子敷衍的回应，那还不如不听。孩子会觉得被父母轻视，觉得被父母嫌弃和厌恶，从而产生不信任感和怯懦心理，再也不愿意向父母倾诉和表达情绪。

倾听和安抚孩子情绪后，父母还应该引导孩子用正确方式来释放情绪，用恰当方式解决问题。情绪得到释放，问题得到解决，孩子才能重新快乐起来，不再被情绪困扰。

说到底，有效的倾听，可以让孩子体验到爱、信任和安全感，可以让孩子的生命更加鲜活而滋润。爱孩子，那就请做懂得倾听和安抚孩子情绪的父母吧！

引导转化，替孩子的愤怒找个合理宣泄口

你是否发现，当孩子表达愤怒的时候，父母的反应总是消极的，或是认为孩子乱发脾气，很快加以压制，或是置之不理，任由孩子发作。

面对孩子的坏情绪，父母会说：“不要发脾气，小孩子怎么脾气这么差！”“不准生气，这有什么生气的！”“你看你，这点儿小事就生气，你爱生气就生气吧！我不管你了！”

事实上，不管是前者还是后者都是不对的。不管孩子因为什么愤怒，父母不愿意走进孩子的内心，不积极引导孩子宣泄愤怒的情绪，那孩子很可能走入两个行为的极端。一是更加愤怒，用乱发脾气发泄自己的不满，并慢慢变得叛逆、情绪化，成为爱发脾气的孩子；二是习惯了被漠视，开始变得压抑，不再表达愤怒，只是在心里生闷气。

孩子的喜怒哀乐是毫无掩饰的，他们伤心就哭泣、愤怒就发泄，这是孩子情绪的自然流露。父母应该给孩子发脾气的权利，让他发泄自己的怒气。这就等于告诉孩子：我知道你很生气，我是在意你的。然后，父母需要耐心地引导和倾听，让孩子说出愤怒、

不高兴的原因。最后，也就是最重要的，父母应该积极引导和教育，告诉孩子生闷气或是乱发脾气是错误的行为，同时帮助孩子选择适当的发泄方式，把怒气尽情地发泄出来。

雯雯正在发脾气，一个人坐在沙发上，谁叫她都不搭理。妈妈给她拿零食，她一把扔在地上，还大声喊道："不要理我！""我才不吃你的零食！"

每当这个时候，妈妈就感到无奈和头疼，所以平时总是纵容雯雯，提防这孩子坏脾气爆发。可这样消极的方式并不见效，雯雯的脾气越来越大，一遇到不顺心的事就生气，一生气就大发脾气，不是哭闹不止就是乱扔乱砸东西。

雯雯妈妈只能翻看一些育儿书，寻求解决问题的方法。幸好雯雯妈妈在育儿书中找到了答案，然后便开始慢慢进行试验和摸索。一天，雯雯不知道怎么又闹了起来，不吃晚饭，气呼呼地把自己关在屋子里。

妈妈没有讨好也没有训斥，而是耐心地询问："雯雯，你怎么了？为什么这么生气？""我知道你心里难过，告诉妈妈原因好不好？"雯雯开始不说话，可过一阵就说出了原因。原来雯雯认为爸爸骗了自己，前天爸爸答应雯雯给她买一辆滑板车，可直到今天还没有买。

找到原因就好办了。妈妈询问："那你问爸爸了吗？是爸爸忘了给你买吗？"雯雯吞吞吐吐，说："我还没有问。可如果他已经买了，肯定就拿回来给我了！现在我没有收到，肯定就是没买！"

妈妈笑着说："傻孩子，你怎么知道爸爸根本没买？也许是你自己误会了爸爸呢？这样，我现在给爸爸打个电话问一下，好吗？”

果然，爸爸已经在网上买了滑板车，原计划今天到货，可快递出了点儿问题，明天才能送到。妈妈拍了拍雯雯，说：“现在你知道爸爸没骗你吧！好了，不要生气了！好不好？”雯雯点了点头。

接下来，妈妈继续引导雯雯，说：“雯雯，如果你生气或是感到不舒服，直接说出来好不好？你不说，爸爸妈妈就不知道你为什么生气，对不对？你要相信爸爸妈妈，一定能帮助你解决问题。而且，你要答应妈妈，以后遇到问题不能乱发脾气，不能乱扔东西。因为你已经长大了……”

在妈妈的引导下，雯雯慢慢地改变，减少了发脾气的次数，也更愿意向父母倾诉了。所以，父母应该明白：愤怒是一种正常的情绪，孩子被冒犯、被误解、对某事不满，心生愤怒是再正常不过的事情。

当孩子因愤怒而发脾气时，父母要允许他发泄情绪，找到孩子愤怒的原因，并且替孩子找到合理的宣泄口。这样的做法才是最正确的选择。对于年龄小的孩子，父母要巧妙地转移孩子的注意力，引导他做一些愉快的事情，比如玩玩具、看电视、外出游玩。对于大一些的孩子，父母要让孩子冷静下来，通过跑步、大声喊或唱歌等方式来把怒气宣泄出来。只有把愤怒发泄出来，孩子才不会成为有话不说、压抑情绪的人。

当然，允许孩子发泄愤怒，并不是说纵容孩子乱发脾气。父母应该让孩子学会管理自我情绪，保持积极情绪，做个自律自控的好孩子。

安慰保护，带孩子走出不安和无助

父母是否站在孩子这一边，对于孩子来说是至关重要的。尤其孩子受欺负时，父母若是能理解孩子的委屈，站出来安慰和保护，那么孩子的负面情绪就会一扫而光，同时收获足够的自信和勇气。

然而，当孩子因为受欺负情绪低落时，很多父母都选择了不作为，或是不在乎地说“都是同学，难免有冲突，没什么大不了的”，或是恨铁不成钢，“你怎么这么没用，为什么不打回去”。甚至有些父母对孩子进行“有罪推论”：“为什么人家都欺负你，不欺负别人？是不是你做得不对？”

孩子被欺负，内心委屈得不得了，想要寻求父母的安慰和保护。但是父母却忽视孩子的情绪，这让孩子感觉自己是不被爱的人，从而产生极大的不安感、孤独感和无助感。久而久之，还会变得自卑、懦弱、胆小，很容易成为被“霸凌”的对象。

然然是个胆小内向的孩子，时常被同学欺负，被抢零花钱，被说是“胆小鬼”。诚然，欺负然然的学生有错，但然然之所以会如此，关键就在于妈妈的态度。幼儿园时期，然然被抢玩具、被咬伤了手臂，回家和妈妈述说委屈。可妈妈总是说："没什么事情，人家不是故意的。""人家为什么咬你？你是不是惹人家了！""大家都是同学，你就忍忍吧！"

上了小学，然然依旧是被欺负的对象。一天，孩子哭着回家，说在体育课上一个同学故意撞倒自己，膝盖和手掌流了很多血。妈妈很心疼，立即拿来药箱给孩子涂抹碘酒，然然委屈地说："妈妈，我该怎么办啊？"谁知妈妈竟然无奈地说："我能怎么办？难道我一个大人还去打人家孩子，为你出气吗？你之后离那几个不好惹的同学远一些，不要再招惹他们。"

然然反驳说："我没有招惹他们，可是他们就是喜欢欺负我！"

妈妈说："好了，我知道了。那你就忍忍吧，反正也没有什么事。"

听了妈妈的话，然然不再说话。之后，然然再也没有和妈妈述说过委屈，因为他知道即便说了也没有任何用处。就这样，然然越来越胆小懦弱，内心充满了自卑和不安，丝毫没有十几岁孩子的精神气。

父母是孩子最信任的人，是孩子最大的靠山。可是然然妈妈却成为摧毁孩子自信和自尊的最大"罪魁祸首"。孩子被欺负，内心委屈和无助，急于向妈妈寻求安慰和保护。可是她却选择了不作为，除了敷衍孩子就是让孩子忍，导致孩子身心都受到巨大伤害，更导致孩子成为被欺负的对象。

或许很多父母认为护短不好，所以孩子与别人发生矛盾或是受欺负时，往往会选择大度和宽容，劝说孩子不要计较。还有些父母认为孩子应该更勇敢，若是给予孩子帮助的话可能会把孩子宠坏，所以孩子受欺负时，他们往往会让孩子自己处理问题。然而问题是，不管父母的本意是什么，孩子的委屈无处申诉，得不到安慰和支持，情绪就会更消极，内心就更不安和无助，从而不再信任和亲近父母。

所以，身为父母的你应该体谅孩子的情绪，当孩子述说委屈时，给他一个拥抱，让他感受到父母的关爱和理解。当孩子情绪平静下来，要和孩子沟通，弄明白他被欺负的原因。若对方的行为不是恶意的，父母要教会孩子和对方交涉，让他学会勇敢制止对方的行为。若对方的行为是恶意的且时常欺负孩子，父母就需要主动站出来，与学校和对方父母交涉。不管前者还是后者，父母都应该告诉孩子：你一定要勇敢和自信，我一直都是你最强大的后盾。

当然，直接告诉孩子打回去，采取以牙还牙这种简单粗暴的方式也是不可取的。这会让孩子习惯用暴力解决问题，进而阻碍孩子的情商和社交能力的发展。

劝导感染，化解孩子的报复情绪

很多父母时常听到孩子说类似的话：××× 说我坏话，我一定饶不了他；××× 和我抢玩具，我再也不和他玩了；××× 向老师打我小报告，我非教训他不可……说这些话时，孩子总是振振有词，还满是不忿。其实，孩子说的大多是鸡毛蒜皮的小事，可他却认为别人惹到了自己，非要报复回来。

孩子之所以报复心强，有年龄小、以自我为中心的原因，但更多的是缺乏宽容、过于斤斤计较。身为父母切不可忽视这个问题，认为孩子只是说说而已所以没什么关系。若是孩子的不良情绪得不到化解，很容易就养成爱报复、自私狭隘的性格，对其自我成长和人际关系发展都极为不利。

其实，孩子的消极情绪并不难化解，父母应该用宽容的心来对待孩子，帮助孩子甩掉报复心、自私心。父母还可以让孩子多接触宽容、有爱心的人，或是给孩子说一些宽容、正能量的故事，相信孩子定会受到感染。

林林 12 岁，因为是家中独子，平时有些狭隘、自私，缺少宽容心和爱心。林林父母有些担心林林很难适应群体生活，很难结交更多朋友，便时常对他进行疏导和劝诫。一个周五下午，林林放学回家，生气地和妈妈抱怨起来："竟然有人向老师打我小报告，我猜一定是李飞那个家伙干的，平时他就总和我过不去。哼，我不能这样算了，明天我一定要找他算账。"

林林越说越激动，最后恶狠狠地说："哼，他打小报告，我也要把他之前抄作业、和别人打架的事告诉老师。"

听林林这样说，妈妈连忙劝说："林林，别着急。你能先告诉我出了什么问题吗？为什么你说别人打你小报告？"

林林低下头来，想了想，说："昨天语文课我偷偷看漫画，可老师不知道怎么知道了，当众批评了我。我觉得一定是李飞干的，因为只有他看见了，而且他还时常和我作对。"

妈妈耐心地说："好孩子，你上课偷看漫画本就不对，即便是人家李飞说的，我觉得也没什么。而且，我们还不确定就是人家说的。你不应该小心眼儿，存在报复心理。不如你听妈妈给你讲个故事吧！"

接着，林林妈妈为他讲述这样一个故事：

从前，森林里住着一个猎人，他擅长安装捕兽套子。因为经验丰富，套子安装得当，猎人每天都有所收获。这一天，猎人又去安装套子，却只看到几根动物毛。显然，猎物被人偷走了，猎人很生气，但又不知道偷盗者是谁。他只能留下一张纸，画上一张愤怒的脸，以警告盗猎者。

第二天，猎人再去，发现猎物依旧被偷。套子空空的，盗猎者还留下一大片树叶，画了一个圈，圈里画了一座房子，旁边还有一条凶神恶煞的狗。猎人百思不得其解，于是想见见这个盗猎者。他又留下一张纸，画了一个升得高高的太阳，太阳下面有两个人站在捕猎的套子旁边，意思是约那人中午在这里见面。

第三天中午，猎人按时赴约，发现那盗猎者竟然是一名印第安人。因为语言不通，两人只能靠手势交流。印第安人表示，这是他们的地盘，猎人不能在此狩猎。猎人则说，这是我安装的套子，猎物自然归我，你不能再偷盗。

一番滑稽的比画，双方都忍不住笑了。猎人心想：多一个敌人，不如多一个朋友。森林这么大，我为什么要斤斤计较？于是猎人不计前嫌，把套子送给了印第安人。

不久后，猎人打猎时遇到危险，掉到悬崖下。他以为自己必死无疑，没想到被那个印第安人救下。他醒来时发现自己躺在印第安人的帐篷里，伤口被包扎得很好。自那天起，猎人和印第安人成为好朋友，一起生活，一起打猎。

讲完故事，林林妈妈说："好孩子，你要明白报复心是最要不得的。学会宽容和大度，你才会有更多朋友。"

林林听完这个故事也开始反省，最后放弃了报复李飞的想法。后来，他也了解到自己被老师发现并不是李飞打的小报告，而是老师发现了他眼神的异常。

其实，孩子年龄小，有抱怨、报复等消极情绪是正常的，这个时候父母应该站在孩子角度考虑问题，耐心地进行劝告，并且用故事来感染孩子。同时，父母还应该多提供机会，让孩子学会和同龄人交往，在交往中学会宽容，化解不良情绪。

不过，若是父母发现孩子报复心强，时常因为一点儿小事便产生报复情绪，就需要多注意观察和引导。父母尽量不要让孩子接触血腥、暴力的电视和漫画；平时要与孩子多交流，多关爱孩子，带孩子去旅行、运动，让孩子在心情愉悦中忘却负面的情绪。

默默拥抱，抚平孩子心中的忧伤

父母都爱孩子，可是我们把爱传递给孩子了吗？孩子感受到父母的爱了吗？父母不懂得传递爱，让孩子感受不到爱，那无疑就是这个世界最大的悲哀。

你爱孩子，对他们说“我爱你”，嘘寒问暖，谆谆教诲。你爱孩子，当他们闹情绪、伤心难过时，你一声声地安慰。可似乎语言的效果微乎其微，然而拥抱、爱抚却总是能起到更好的作用。换句话说，语言是传递爱的主要方式，不过与语言相比，拥抱则更容易让孩子感受到。

美国著名心理学家赫洛德·傅斯博士指出，拥抱可以让人更年轻、更有活力，它还能让人们之间的关系更加亲密。拥抱是一种无言的力量，可以把爱、温暖传递给对方。父母给予孩子的拥抱更是如此，尤其是在孩子感到委屈、伤心时，一个拥抱就胜过千言万语，让孩子感到莫大的安慰。

彬彬情绪有些不高，放学回家后没高兴地叫妈妈，也没打开电视机看喜欢的动画片。他坐在沙发上，呆呆的，脸上尽是委屈和忧伤。

彬彬妈妈自然注意到孩子的情绪，于是放下手里的事情，坐在彬彬身边，温柔地询问："彬彬，今天怎么不高兴？在学校发生什么事情了吗？"开始彬彬不愿意说话，后来在妈妈的引导下才说出事情的经过。

原来彬彬受了冤枉，被好朋友勇勇误认为是打小报告的"坏人"。学校不允许学生到附近小卖部买零食，更不允许带到学校吃。有一天，勇勇忍不住买了一些零食，进入校门前没吃完，便偷偷地带了进去。课间操时间，彬彬发现了这件事，按理说作为班长，彬彬应该没收零食，然后交给老师。但碍于朋友情面，彬彬答应勇勇放他一马。可快放学时，老师叫住勇勇，批评他不该偷买、偷吃零食。勇勇自然就认定是彬彬告的状，还说他表面一套背后一套，以后不再是朋友。说完这些，彬彬难过得都要哭了。

妈妈耐心地安慰他，说："你不要太难过，勇勇可能是一时气急才说出那样的话。明天，你和他解释清楚就好了。我知道你委屈、难过……"可彬彬还是情绪不高，眼里流露出很多委屈和伤心。

随后，妈妈拥抱了彬彬，拍拍他的肩膀，说："我知道，被朋友误会是最令人难过的，但只是委屈难过是没用的。你最应该做的是解释误会，化解你和勇勇的矛盾。对不对？你们是最好的朋友，勇勇会相信你的……"

妈妈的拥抱和话语给了彬彬很大的安慰，他深呼吸一下，笑着说："对！我应该向勇勇解释，我相信他会相信我的！"

一个拥抱看似简单，却让亲子关系更亲密，让孩子感觉到父母的爱、支持和安慰。一个简单的拥抱，就是心与心的交流，就是父母对孩子的心灵的慰藉。当然，父母不要为了拥抱而拥抱，孩子有委屈、气愤、难过等不良情绪，父母需要给他拥抱，更要给予正确的引导，然后给出时间和空间，让他学会消除消极情绪。

当孩子生病时，给他一个拥抱，让孩子感受到你的爱和关心，孩子便不再害怕和难过。

当孩子犯错时，给他一个拥抱，告诉他知错能改就是好孩子，孩子就更愿意改错。

当孩子失败时，给他一个拥抱，告诉他别难过、别灰心，孩子就会很快充满信心。

当孩子伤心难过时，给他一个拥抱，告诉他你支持他、理解他，孩子的情绪很快就会平复。

当孩子遇到不公时，给他一个拥抱，告诉他你会一直保护他，孩子便不再惧怕，从而有了更多安全感。

……

多给孩子带有爱意的拥抱，对年龄小的孩子，父母可以亲密地拥抱，然后亲吻他、爱抚他，让他感到爱和力量。孩子大一些时，会容易害羞，这个时候父母可以给他简单的拥抱，然后轻轻拍他的肩膀。当孩子感受到父母用肢体语言传递的爱，便会把压力、消极情绪放掉，然后对自己有信心，轻装上阵。

第8章

去情绪化管教

——不吼不叫不焦虑，左手爱孩子，右手立规矩

和孩子一样，大人也有情绪失控的时候。与孩子沟通，或管教孩子时，父母若是情绪失控便很容易忽略孩子需要什么，孩子想要表达什么，甚至忽略自己管教的目的。因此，做到去情绪化管教，亲子沟通才能起到良好效果。

大吼大叫并非教导，因而无效

看到孩子正在玩水，把衣服弄得湿漉漉的，你会怎么做？

一种做法是大声吼叫："不要玩水！""和你说了多少遍，你为什么不听话！"

另一种做法是温和地引导："孩子，玩水会弄湿衣服，这是不对的。""现在你要离开那里，妈妈帮你换掉湿衣服。"

哪种方式有效，答案不言而喻。第一种做法，情绪失控，大吼大叫，除了责骂，就是命令。孩子能听你的话吗？

第二种做法，明确告诉孩子，这个行为是错的；给出具体的指令。更重要的是态度平和，没有情绪化。孩子怎会不听你的话？

管教孩子，最忌讳的就是大吼大叫。也许你的吼叫能吓住孩子，让孩子"听话"。可实际上，这种管教的效果几乎是微乎其微的。面对大吼大叫的父母，孩子通常情绪处于紧绷的状态，不知道自己错在哪里，下一次遇到类似的情况，他依旧会犯错。

换句话说，当父母吼叫的时候，只是表达了自己的负面情绪。父母越是吼叫，孩子就越是不知所措。父母越是吼叫，孩子就越不听话。

吉安是个淘气的男孩，恰好他的妈妈脾气暴躁。于是，家庭气氛就不对了，吉安总是做错这个做错那个，妈妈则一整天大吼大叫。吉安穿着鞋子踩到沙发上，妈妈大叫："你干吗呢？！穿鞋子能上沙发吗？……"晚上 11 点了，吉安还不睡觉，妈妈大声喊道："把电视给我关了，几点了还不睡觉……"

在外面也不例外。吉安淘气，走路爱踢小石子，妈妈停在那里，看着落在后面的他，又开始了吼叫："还不快走！真是太磨叽了！"吉安和伙伴发生小矛盾，妈妈拉过来就训："说你多少遍了，不要打架！你听过一次吗？"

……

可吼叫有效果吗？孩子本就心智不成熟，需要慢慢地引导和教育，需要慢慢地学习做各种事情。在这个过程中，他会闯祸，会捣乱，会犯错，会按照自己的思维去做事，大声吼叫的效果几乎为零，甚至还会产生负面影响。这不，吉安依旧淘气，依旧做了妈妈明令禁止的绝大部分事情，而且好像故意和妈妈作对。

可若是父母愿意心平气和，他们就很愿意合作了。吉安的爸爸似乎比妈妈更有办法，更能让孩子"听话"，因为他从来不吼叫。吉安弄坏了新玩具，爸爸很生气，他却努力让自己平静下来。他说出自己的想法："我很生气，真的！我给你买了新玩具，你却故意弄坏，这是错误的。现在我要给你惩罚，一个星期不能吃零食！"

吉安一回家就看电视，忘了写作业，爸爸给出明确的指令："你已经看了半小时电视，现在你需要去写作业。"显然，在吉安爸爸那里，孩子并没有那么淘气、难搞，而且很听话。

然而，很多父母似乎不懂这个道理。生气时，行为好像失去了理智，大声地呵斥、责骂。情绪来了，很容易大吼大叫，而且一旦开始便很难停住。当一切结束时，又感到后悔和内疚，暗暗发誓以后绝对不对孩子吼叫。接下来，看到孩子调皮、犯错，又气不打一处来，气愤转为责骂，最终发展为大吼大叫。

即便这可能不是父母本意，可是很多父母却因为无法控制情绪，搞砸了事情，也伤害了孩子。孩子会害怕，会委屈，还会对父母产生恐惧感，和父母之间的心理距离拉得越来越远。所以，想要管好孩子，父母一定要管好自己的脾气，不要动不动就大吼大叫，更不要把吼叫当成管教孩子的方式。

情绪是可以控制的，当你意识到自己要发怒时，努力让自己平静下来，控制住不对孩子大吼大叫。控制情绪的方法有很多，比如吼叫之前深呼吸几次，心里默数10个数，1、2、3……再如用转移法，先离开现场，不再关注孩子，做自己的事情。情绪稳定之后，再告诉孩子错在哪里、应该怎么做，效果自然好很多。

同时，你需要温和地和孩子说话，当你的态度是温和的，孩子就会感受到父母对自己的尊重，从而会用平和的心态和父母交流。这个时候，你的意见就很容易被孩子接受。

所以，对孩子大吼大叫并非有效的教导。既然如此，与其大吼大叫，导致亲子关系紧张，为什么不和风细雨地沟通呢？

温情教育莫焦虑，为孩子创造温馨的成长氛围

几米在《我的错都是大人的错》中用孩子的口吻写道：“为什么风可以那么温柔地对树说话，而你却永远学不会对我温柔地说话呢？”没错，很多父母学不会温柔地和孩子说话，习惯严厉地训斥，习惯大吼大叫。其实，这里面都隐含着父母焦虑的情绪。

父母情绪焦虑，不能好好驾驭自己的情绪和脾气，很容易“城池失火，殃及池鱼”，弄得孩子也紧张、敏感、情绪失控。孩子习惯看父母脸色行事，不敢说话和做事，生怕自己做错了惹得父母不开心。换句话说，父母情绪焦虑，是在给孩子施压，时间长了，孩子便会压抑情绪、压抑内心，只能用沉默或是叛逆来反抗，甚至反感父母，恨不得躲得远远的。

西西妈妈最近受焦虑情绪影响，时常因为西西的一些行为烦躁，有时还控制不住怒火。西西有些淘气，虽然10岁了，可仍然很顽皮。尽管妈妈每天都叮嘱他不许随便扔玩具，收拾好课桌，可他总是不听话，把房间搞得乱七八糟。每次看到乱糟糟的房间，西西妈妈便焦躁不已，情绪处于崩溃的边缘。

一天，妈妈叫西西起床，又一次看到乱糟糟的房间：衣服丢在桌上、椅子上、地上；课桌上堆满了书和零食袋；地上有废纸、笔，还有西西没拼完的乐高……妈妈彻底崩溃了，一下把西西的被子掀开，大声吼道："西西，你在做什么？！"

西西被妈妈吓醒了，揉着眼睛坐起来，不知道发生了什么事情。妈妈继续喊着："我整天让你收拾好房间，你就是把我的话当耳旁风！你看看，昨天我才给你收拾好，你又弄成这样！赶快起床！上学前你不把房间打扫干净，我不会轻饶你！"西西立即起床打扫房间，结果连早饭都没来得及吃就去上学了。

事后，西西妈妈感到深深的内疚，下决心不再情绪失控。可焦虑情绪不疏解，就会越来越严重，西西妈妈情绪失控的情况也越来越多。西西吃饭慢，不爱吃蔬菜，妈妈突然发火；带孩子买蛋糕，西西不听妈妈意见，非要买卡通的，妈妈怒气就上来了；与西西讨论问题，西西坚持自己的主张，妈妈便烦躁地说："算了，你随便吧！出了问题，别怪我没提醒你！"……

这一段时间，西西妈妈备受焦虑感折磨，一点点小事便大发脾气。而西西也倍感压抑，不愿和妈妈交流，不愿靠近妈妈，而且学习成绩也快速下降。

所以说，在家庭教育中，父母不焦虑才是给孩子最好的爱。有时候，这比父母相亲相爱，更能给孩子带来幸福感和安全感。

父母若是发现自己出现焦虑情绪，应该想办法疏解，利用运动、听音乐、散心的方式让自己的情绪稳定下来。同时，父母对孩子犯错或表现不好的地方，不要太敏感。太敏感，人就容易焦虑。太焦虑，人就容易情绪失控。

日本作家渡边淳一的著作《钝感力》里有这样一段话："钝感虽然有时给人以迟钝、木讷的负面印象，但钝感力却是我们赢得美好生活的手段和智慧。"对于孩子的教育也是如此，父母"迟钝"些，就更容易接受孩子：孩子不优秀，父母不会急躁；孩子犯错，父母不会情绪失控。父母"迟钝"些，就不容易焦虑，可以给孩子自由、温柔，从而给孩子一个温馨、轻松的成长环境。

父母要时刻告诫自己，孩子正在成长，纵使他身上有这样或那样的不足，平时会犯这样或那样的错误，但是他会变化、会成熟。看到孩子身上的优点，并且给予孩子正确的引导，那么焦虑感自然就会慢慢疏解。

最后，父母要提醒自己，没有谁不喜欢被肯定，孩子更需要父母的温情、鼓励和赞赏。父母要学会平和地对待孩子，多给予孩子微笑和拥抱，多给孩子一些温柔的鼓励和引导。孩子感受到父母的爱，感受到家庭的温馨，情绪自然更加稳定，认为无论做什么都能得到父母的认可，从而变得积极而又出色。

让孩子自己立规矩，告诉他如何管好自己

父母爱孩子，不意味着纵容和溺爱。过于纵容和溺爱，孩子便失了规矩，不懂什么该做什么不该做。进一步讲，孩子失了规矩，便会放飞自我、肆意妄为，变成人人厌恶的“熊孩子”。现实生活中，很多父母懂得这个道理，会在孩子小时候便立规矩，教育孩子遵守规矩。

然而，很多父母发现自己的孩子不太愿意守规矩，总是破坏和忽视与父母的约定。

琪琪上小学一年级，为了让孩子更好地学习，父母给琪琪定了规矩：放学后第一时间写作业，作业完成之后才能看电视。琪琪口头答应了，可没过几天，便违反了和父母的约定——回家就看电视，忽视父母的催促，不听父母的批评。

父母还为琪琪制定了作息时间表和学习计划，规定几点起床、几点早读、几点睡觉，安排了每天的预习、复习、作业计划。一开始，在父母的监督下，琪琪还可以一步步按照计划来，可一旦父母松懈下来，琪琪便忽视了计划和约定。甚至有时候，琪琪还故意不执行计划，破坏父母的规矩。

遇到这样的情况，琪琪父母不禁抱怨：“给孩子定规矩，真的好难啊！”“为什么孩子就是不愿意守规矩呢！”

可实际上，并非给孩子定规矩难，也不是孩子不愿意守规矩，而是父母进入了定规矩的误区。

规矩是给孩子定的，是需要孩子去遵守的，然而很多父母却从来不从孩子角度出发，从来不和孩子商量，便独自定下来一条条规矩，还强硬地要求孩子执行。一旦孩子不执行，父母便直接批评、责骂、惩罚。如此一来，规矩对于孩子来说就是“紧箍咒”，孩子能不反抗和破坏吗？

孩子天生就有反叛性，父母定规矩未与他商议，他不认可，他就会不执行，就会故意破坏。所以，与其强制孩子守规矩，还不如让他自己来做主，自己管自己。自己为自己定规矩，变被动为主动，积极性将大大提升，更重要的是，孩子可以形成自律。

对于孩子来说，自律是至关重要的。没有良好的自律，孩子便很难管理好自己，很难更好地学习和生活。有了良好的自律，孩子可以在自由的基础上约束和管理自己，实现良好的自主成长。

魏来是个粗心的孩子，做事丢三落四，没有什么条理性。每天他都找不到东西，不是把铅笔盒落在家里，就是把校服落在学校。功课上更是如此，作业总是完不成，今天忘了做阅读，明天又忘了做数学练习。考试也是马马虎虎，时常漏掉几个题不写，成绩很是糟糕。

为了让魏来改掉缺点，父母做了很多努力，批评也批评了，规矩也立了，可效果微乎其微。后来在老师的建议下，父母决定帮助魏来培养自律性，引导他养成有效地管理时间的好习惯。

父母教魏来做了时间计划表，内容包括生活和学习两方面：

生活方面，规定几点起床、几点睡觉，每天必须完成的事情，做事情的先后顺序；学习方面，每天作业的具体内容，每项作业完成时间，完成率和完成质量，等等。

之后，父母和魏来约定，让孩子按照自己的计划去执行，并且努力管理好自己。很显然，效果比之前好很多，魏来慢慢地成为一个善于管理时间和自律的孩子。

自由与约束并不矛盾，规矩是为了让孩子享受合理合法的自由。与其被父母管，孩子更愿意自己管自己。所以，父母要让孩子树立规则意识，更要让孩子学会自己立规矩，提升自我管理能力。

当然，孩子还小时，根本不会定规矩，你把主动权交给孩子也没用。这个时候，父母要和孩子谈立规矩的事情，要征求他的意见和想法。孩子有了参与感，自然就不会那么排斥，总是想着挣脱父母的“束缚”了。

等到孩子长大了，已经具有自我管理的能力，父母就需要交出主动权，引导孩子管理好自己、约束好自己。需要注意的是，父母不能完全放手，可以给一些建议，做一些引导，必要时还需要进行监督，如此一来，孩子制定的规矩才不会过于“放飞自我”。

总之，“没有规矩不成方圆”，为人父母不能太放任和溺爱孩子，需要让孩子学会按规矩来做事。但要知道，父母仅凭个人意愿立规矩，还强迫孩子执行，不仅起不到管教效果，还会让孩子更叛逆。

让孩子自己定规矩，孩子的规矩意识更强，进而更加自律。

如何对孩子说“不”，其中大有学问

孩子都是父母手心里的宝，只要自己有条件，对孩子的什么要求能一律满足。即便一开始可能会拒绝，可只要孩子一哭闹，父母就会立即妥协，不管那要求是否合理。

明明已经吃了饭，孩子说想吃零食，又哭又闹，最后父母便会屈服，拿出孩子喜欢的零食。

明明说好了不买玩具，孩子到了商场就反悔，抱着玩具不松手，还坐在地上哭闹，最后父母只能妥协，拿钱买单。

明明做游戏输了，孩子偏偏不认输，耍赖哭闹，要求必须再来一次，自己不赢不罢休，最后父母只好故意输掉，只为让孩子高兴。

……

表面上父母是爱孩子，可实际上这却是害孩子。父母事事遂孩子的意，这样只会助长孩子的任性和无理，要求越来越多，一旦被拒绝便哭闹不止，不达目的不罢休。长此以往，对孩子的成长真的非常不利。

所以，父母不能一味迁就、满足孩子，否则就成了溺爱。父母要学会拒绝孩子，对于孩子的不合理要求说“不”，当然，拒绝也是讲技巧的，不能强硬、简单粗暴。大人被强硬地拒绝，都会滋生不良情绪，更何况是孩子。若是孩子耍脾气，用大哭大闹来威胁，父母也不要大吼大叫，硬拉着孩子离开，这只能产生一系列的反面效果。

开开 5 岁，从小就受到全家人的宠爱，越来越任性，要求也越来越多。父母带他去商场，看到什么要什么，不给买就连哭带闹，有时还躺在地上耍赖。因此，父母只好一次次迁就，一次次满足，这也让开开更肆无忌惮。

父母也知道这对孩子是有害的，便决心改变对孩子的方式，不再满足他的所有要求。一个周末，爸爸妈妈带开开到电影院看电影，出门前约定不买任何玩具。开开满口答应，还保证自己绝不食言。

可看完电影，路过商场玩具区时，开开便被一辆遥控玩具车吸引了，非要缠着爸爸妈妈给自己买。爸爸严肃地说：“不行，说好不买就不买！”这下可不得了了，开开顿时坐在地上大哭，边哭还边说就要买遥控汽车。

爸爸很生气，大声喊道：“你这孩子太不听话了，你再哭，我就打你了！快走，回家！”

开开哭得更厉害了，爸爸生气地把他拉起来，可开开就是不起来，还在地上打滚。开开越哭越厉害，还出现了抽搐的现象。看到这个情况，妈妈只好站出来，给开开买了遥控汽车，而爸爸也只能无奈叹息。

开开父母的拒绝是失败的，对孩子提出的不合理要求，强硬地拒绝，并且刺激孩子的情绪，又怎么可能成功呢？

父母需要明白，在拒绝孩子时，你只需亮明自己的态度就可以了，言辞简明，态度温和。拒绝的时候，父母不能带有情绪，更不能大声训斥，这样只会让孩子反感。同时，你需要向孩子解释原因，但不能太啰唆，更不能唠唠叨叨。

当然，孩子习惯了被满足，习惯了父母的有求必应，一旦父母拒绝自己的要求，发脾气、哭闹在所难免。这个时候，父母千万不能着急，对着孩子发脾气。最好的办法是采取冷处理的方法，先让孩子平复情绪，然后再告诉他要求为什么不能被满足。虽然孩子小，可有些道理还是能明白的，你温和地解释原因，温柔地给予安慰，孩子自然能接受你的拒绝。而有了第一次成功的拒绝，之后问题就变得简单了。

这里父母需要注意一个问题：开始拒绝，过一会儿因为心软，或是经不住孩子哭闹，又予以满足，这是最应该避免的。这样的出尔反尔，很可能让孩子产生这样的想法：只要我哭闹，或是央求，不管什么要求父母都会满足。如此一来，孩子就会把哭闹、哀求当作手段，用它来实现自己的目的。更为重要的是，孩子没有了正确的是非观，会变得为所欲为、以自我为中心。

父母除了不能出尔反尔，还应该前后态度一致，始终如一，千万不能根据自己情绪的好坏来决定对待孩子的态度。很多父母往往心情好的时候，有求必应，答应孩子的任何要求，可要是遇到心情不好的时候，便对孩子的要求一律拒绝，不管合理不合理，甚至会无缘无故向孩子发脾气。这样的行为不仅会伤害孩子，还可能造成孩子心理失衡。

另外，父母拒绝孩子时，应该让孩子明白：父母拒绝的是你的不合理要求，而不是你；父母拒绝你，并不是不爱你。

总之，如何拒绝孩子，其中大有学问。掌握技巧，态度明确，不带有情绪，这样的教育才是有效的。

放弃那些无效命令，对孩子多点儿有效指导

很多父母一定不会对这样的情况感到陌生：

“不许在游乐场里乱跑”，孩子到了游乐场就乱跑起来；“快点起床！不许睡懒觉”，可孩子每天都得三催四请才起床；“不许看电视了，快去写作业”，可孩子偏偏磨磨蹭蹭，说什么也不愿意写作业；“你必须把饭吃完”，可孩子偏偏总是剩下一大半……

没错，很多父母喜欢用“不许”“不准”“你必须”“你要”等之类的词语，命令孩子必须做这个不做那个。可是，令这些父母感到失望的是，孩子总是无视那些命令，并且父母越是说什么，他就越是不做什么。即便一些孩子当时听话了，但内心已经产生叛逆情绪，所谓的服从都是出于害怕，但没过多久就把父母的话抛之脑后了。一旦离开父母，孩子就会更大胆，做父母不允许的事情。

很简单，这是因为孩子讨厌这些命令，于是用无视或唱反调的方式来表达不满。孩子虽小，可有想法、爱自由，自己可以按照自己的想法去做事，父母命令式的教导让他感到了压力、不受

尊重，又怎么可能心甘情愿地接受呢？

所以，与孩子沟通时，父母应该少一些命令式的教导，多一些温和的建议和指导。即便孩子的行为是错的，也不要简单粗暴地命令，而是应该对孩子说：“你这样是不对的，我觉得你应该……”“你是不是应该……”

即便你内心强烈反对孩子做某件事情，也不要直接命令，要求孩子必须听你的，而是应该对孩子说：“我觉得这件事……我建议你好好考虑……”

平心静气地建议和劝导，孩子自然就不会把父母的话当作耳旁风，更不会叛逆、故意和父母作对了。

元宝 5 岁了，正是调皮捣蛋的年龄，很多时候让妈妈很头疼。他喜欢在屋子里乱跑，还喜欢在地板上拍球。这样的行为让楼下邻居反感，多次向妈妈反馈，希望能好好管教孩子。妈妈很是尴尬，总是命令元宝“不许在屋子乱跑”“不许拍球”。可元宝似乎永远也记不住妈妈的话，每天都会犯错几次。

一天，妈妈和朋友打电话，让元宝自己在屋子里玩玩具。不一会儿，“砰砰砰”拍球声响起，妈妈立即大声命令：“不许拍球！”元宝停住了，愣了一下，把球放下了。可没过一会儿，他就跑了起来，手里拿着新买的小飞机，嘴里还发出“呜呜呜”的声音。

妈妈火气上来了，命令道：“不许在屋子里乱跑！和你说了多少次了，你为什么记不住？！你这孩子为什么这么讨厌！”

这个时候，朋友在电话那头笑了，说：“你这样命令孩子是没用的。你应该告诉孩子为什么不能那样做，然后再温和地引导。”妈妈和朋友交谈了一会儿，意识到自己的问题，并决定换一个方式。

她把元宝叫到身边，温和地对孩子说：“元宝，我知道你喜欢跑、喜欢拍球，可是在家里这样做是不对的。楼下邻居喜欢安静，你这样总是发出很大声音，会让邻居觉得不舒服。知道吗？”

元宝听了妈妈的话，低下头没有说话。妈妈继续说：“你要是想跑、想拍球，妈妈可以带你到公园，然后陪你一起玩。这样不仅你玩得高兴了，而且不打扰别人，是不是很好？”

元宝听后，想了一会儿，对妈妈说：“妈妈，我知道了。那我可以在屋子里玩玩具吗？”

妈妈笑着说：“当然，只要你能安静地坐在小垫子上，看书、玩玩具都是可以的。”之后，元宝果然改变了很多，不再在屋子里乱跑、拍球，也很少弄出大的声音。

看到了吧！元宝妈妈改变了命令式的教导，而是心平气和地建议和引导，沟通取得了很好的效果。可见，那些所谓的命令，对于教育孩子是无效的，更是家庭教育的禁忌。父母想要劝导孩子，首先要端正态度，不要认为自己是家长，孩子就必须听自己的，更不要认为孩子还小，只有用命令的方式才能让他听话。做到真正尊重孩子，在这个前提下，温和地指出孩子的错误，然后以建议的方式说出自己的想法，沟通和劝导才能有效，且是高效。

同时，父母应该考虑孩子的意愿和想法，不应该凭借自己意愿制定规则，然后就命令孩子必须去遵守。若是这样，无论父母的想法多正确、多为孩子着想，孩子也不会遵守和领情。多和孩子商量，多听他们的意见，孩子自然就不再排斥。

孩子违反规矩，恰当惩罚是可以的

爱和规矩并不冲突。父母爱孩子，但不能放任孩子，放任就意味着溺爱。当孩子明明知道有规矩，却故意犯错，或是犯错情节比较严重，父母就应该严肃起来，给予孩子一定的惩罚。

这是因为孩子都是有判断力的，不管是因为什么违反规矩，他都会观察父母的反应。若是父母给予重视，提出批评，孩子自然就会有所收敛。可若父母只是简单地说句“你不能不守规矩”，孩子便会不尊重父母、不重视规矩，甚至觉得没有必要听从父母的话。如此一来，规矩就形同虚设。

7 岁的男男爱看电视，有时饭都不吃、作业都不做，一整天沉迷电视。这很耽误学习，老师也多次找男男妈妈谈话，希望能好好管教孩子。为此，男男妈妈定下规矩：每天看电视不超过半小时；吃饭时不许看电视；周末可以多看半小时。

可长时间养成的坏习惯哪能一下就改掉，男男依然我行我素，回家就打开电视，一看起来就没完没了。妈妈很是着急，不停在一旁说教：“我们不是定好规矩了，你为什么不听话？”“你总是这样看电视，学习成绩一塌糊涂，以后怎么办？”

很显然，妈妈再着急、再唠叨，男男都不在乎。因为不守规矩，妈妈只是唠叨，没有任何进一步措施，因此规矩对于他来说就是形同虚设。不守规矩，没有受到惩罚，没有任何损失，既然如此他又为什么去遵守呢？

因此，无论孩子是有意还是无意，父母都应该事先制定惩罚制度，一旦孩子违反规矩，就给予适当的惩罚。当然，惩罚孩子也是为了爱孩子，因此一定要掌握惩罚的度。父母不能动辄就惩罚孩子，无缘无故地惩罚，只能让孩子搞不清规矩，还可能激发孩子的逆反心理。孩子错了，父母就应该和他讲明原因，让他明白错在哪里，会受到什么样的惩罚。

惩罚不是最终目的，也不是父母发泄情绪的工具。所以，惩罚孩子时，父母千万不可动不动就打骂，更不可不分时间、场合地对孩子进行惩罚。很多父母不顾及孩子的面子和自尊，看到孩子违反规矩，便当着朋友、亲人、孩子同学的面惩罚孩子。其实，这是非常错误的，会给孩子带来严重的心理创伤，让亲子关系越来越紧张。

父母需要明白，惩罚只不过是手段。父母给予孩子的惩罚，更多应该是一种提醒与警示，目的是让孩子保持自律性，让他知道违反规矩是需要受到惩罚的。事实上，很多父母在爱和规矩之间找到了一种平衡，既不放任孩子，让孩子更愿意守规矩，又不伤害孩子，给予了孩子真正有效的管教。

卡尔·威特是著名教育家，在管教儿子小威特的过程中便实现了爱与规矩的平衡。卡尔·威特平时注重培养小威特的爱心，从小就给他讲各种讴歌仁爱、友情、亲情的诗篇，教他背诵各种道德诗篇。同时，他还给孩子定下规矩，可因为年龄小、没有辨别是非的能力，小威特难免做一些坏事。

某一天，家里来了很多朋友，卡尔·威特在客厅和朋友们聊天，小威特和其他孩子在一旁玩耍。这时家里养的一条狗跑了进来，小威特一把拽住狗尾巴，把它拖到自己身边。看到这样的情况，卡尔·威特来到小威特身边，伸手抓住他的头发，拽住不放。

小威特感到一阵疼痛，马上把狗尾巴放开。这时，卡尔·威特也把手放开，对他说："孩子，你喜欢被别人抓住头发吗？"

小威特委屈地说："不喜欢。"

卡尔·威特继续说："既然你不喜欢这样，那么也不要那样对狗。"

教育家威廉·达蒙在《期待：克服家庭和学校的纵容观念》中写道："所有的孩子都需要接受纪律约束，这既是积极性的，也是限制性的。如果孩子在学习技能，那么他需要这种约束来最大限度地发挥天赋。而在试探社会规定的极限时（每个孩子都不断地在这么做了），他们也需要这种坚定而又前后一贯的纪律约束。"

孩子就是孩子，所以父母不能太过宠爱和放任。《荀子·礼论》中说"规矩诚设矣，则不可欺以方圆"。想要更好地管教和培养孩子，就要让孩子明白规矩必须遵守，不守规矩的后果就是会受到处罚。只要父母的惩罚不过于严厉，不过于情绪化，扼杀孩子的天性、自尊，就可以让孩子更加积极健康地成长。

如果孩子不守规矩，父母一定要控制情绪

有些父母对于孩子不守规矩的行为比较烦恼：给孩子定了规矩，一开始孩子还很配合，可“新鲜劲”过了，孩子就不再遵守了。重申规矩，没有效果；批评也无济于事。

通常这个时候，父母就会情绪失控，不是大声训斥，就是威胁“你要是再不守规矩，我就揍你”。但实际上，在情绪失控的情况下，父母对孩子的管教是毫无意义的。父母越急躁、愤怒，孩子的抵触情绪就越强烈，更不愿意遂了父母的意愿。

当孩子听到你大声吼叫：“你为什么又不听话？不是规定你不能看电视吗？”或是听到你恶狠狠地说：“要是你再不守规矩，看我不揍你！”他怎么可能愿意听话？或许在你发脾气时，孩子可能因为害怕而承诺“我会改正”“我之后会守规矩”，但是只要渡过危机，他就依旧我行我素。

在和孩子沟通时，父母的情绪失控会让孩子产生紧张感和压迫感，甚至有可能直接反抗。所以，父母需要让自己冷静下来，找到孩子不守规矩的原因，然后好好地沟通和引导。

涛涛已经上4年级，学习越来越紧张，作业越来越多。之前

妈妈并没有给涛涛定规矩、做计划，只是要求他能按时完成作业即可。可很明显，因为缺少约束，涛涛的完成作业情况不太理想，有时晚上 10 点左右才能写完作业。

为了让孩子提高成绩并养成自律，妈妈和涛涛商定，制订了学习计划：回家休息 20 分钟，然后开始写，8 点前必须完成作业；写作业时认真、专心，不能一边玩一边写；周六周日规划好时间，周日下午必须完成所有作业，不能等到晚上再匆忙完成；注意作业质量，不能敷衍、马虎。

除此之外，妈妈还和涛涛约定，每天注意劳逸结合，累了可以休息一会儿，也可以玩一会儿，但是不能边玩边写。

计划执行前两周，涛涛都能一一遵守，作业完成情况有所改善。可之后问题就出来了，涛涛总是有意无意地打破规矩，今天写作业不专心，边玩边写；明天又因为贪玩而忘记写作业。

有一个周末上午，涛涛约同学到公园里踢球，一玩就忘乎所以了，踢完球就直接到同学家玩乐高，直到下午五六点才回来。等到周日晚上，妈妈发现涛涛只写好了数学作业，语文作业一点儿都没动。

一想到涛涛近期的表现，妈妈就火冒三丈，可她还是忍住了。妈妈深呼吸了一下，语气平和地说："涛涛，我很生气，因为你不守规矩。我们不是定下规矩和计划了吗，你之前执行得也挺好呀。问题出在哪里呢？"

涛涛想说些什么，可最后还是低下头没有说话。妈妈见状，询问道："你想说什么，可以直接和妈妈说。要是你对这个计划有意见，我们也可以再商议。你什么都不说，妈妈怎么知道你想什么。对不对？"

涛涛说：“妈妈，我错了，我知道我没有遵守规矩。可是，我觉得这个计划让我太累了，白天我在学校学习一整天，回到家只能休息一会儿，然后就必须开始写作业。我感觉很累，也很没精神。”

听了涛涛的话，妈妈修改了学习计划：放学后，涛涛可以休息、玩游戏，吃完晚饭再开始写作业。但写作业必须专心、高效。之后，涛涛果然发生了转变，再也没有不守规矩。

情绪本来是人的一种本能，任何人都会有各种各样的情绪，有时还可能控制不住自己的情绪。然而，孩子不守规矩，大人发脾气就有用吗？显然不是，这往往只会起反效果。

心理学上，有一个踢猫效应，说的是一个人在公司受到老板批评，回家控制不住情绪，无缘无故把孩子骂一顿。孩子很是生气，也控制不住情绪，狠狠地踢了身边的猫。猫冲到了马路上，正好一辆卡车开过来，司机避闪不及，结果撞到了路边的孩子。

这就是父母情绪带来的恶性循环。一个人控制不住情绪，只能给自己和身边人带来麻烦。涛涛妈妈深知这一点。涛涛不守规矩，妈妈很生气，但是她控制住了自己的情绪，没有发火、责骂孩子，也没有简单粗暴地命令孩子。她表达了自己的愤怒，也耐心地和孩子沟通，寻找解决问题的办法。正因如此，沟通目的轻松就达到了。

说到底，对于父母来说，情绪失控是最糟糕的行为。因为管不好孩子而情绪失控，也是最无能的表现。规矩和爱，其实是统一的。纵使有些孩子顽皮，不愿意守规矩，有些孩子耐心不足，不能坚持执行规矩，父母也要控制好自己的情绪，不要动不动就发火，更不要采取暴力行为。

首先破坏规矩的大人，就别想让孩子守规矩

很多父母制定规矩时有两套标准，孩子必须遵守规矩，一旦不守规矩就会被责骂、惩罚。可大人从来不把规矩当回事儿，想遵守就遵守，不想遵守就不遵守。大人自己不遵守规矩，一旦孩子表示不满，就用长辈身份来压制。

现在很多孩子沉迷手机，刷视频、玩游戏，忘了吃饭，忽视了学习。于是父母便定下规矩——每天只能看 30 分钟手机。可这规矩只是给孩子定的，也只要求孩子一个人执行。父母根本不遵守，每天下班回到家便躺在沙发上看手机，吃饭、睡觉、上厕所都手机不离手。父母没做出好的示范，孩子自然就不愿意遵守规矩了。

更有甚者，孩子提出意见，“你都一直看手机，凭什么我不能看？”父母会火气上升，大声责骂：“我是大人，我说了算！你小孩家家还想管大人吗？！”殊不知，大人这种双重标准、一被抓住小辫子就恼羞成怒的行为，只会让孩子更不满、更漠视规矩。

作家鲍德温说：孩子永远不会乖乖听大人的话，但他们一定会模仿大人。一个不懂规矩的大人，很难教出一个懂规矩的孩子。一个守不住规矩的大人，也很难让孩子把大人定的规矩当作规矩。

6岁的思思正在换牙齿，妈妈定下了规矩——不能吃零食，不能吃糖果。可小孩很难抵挡住零食和糖果的引诱，思思总是央求着妈妈给自己买。每当这个时候，妈妈便会给思思讲道理，说：“零食对身体不好，都是垃圾食品。糖果太甜了，容易长蛀牙。小孩子不可以吃零食和糖果，尤其是换牙的时候。”

思思也算听话，不过提出了一个要求：“那妈妈也不要吃零食和糖果，和思思一起守规矩。”妈妈有些为难，因为她也喜欢吃零食，每隔一段时间就会到超市大采购，还会网购很多网红零食。可为了让孩子听话，思思妈妈只能勉强答应。

然而思思妈妈却很难改变爱吃零食的习惯，尤其是追剧的时候，不吃零食的话总是感觉缺点什么。她认为小孩是“好骗”的，于是便买了零食藏起来，等思思上学时再偷偷吃个痛快。谁知道没过多久，思思便把她藏的零食找了出来。

思思很生气，冲到妈妈面前，说：“这是什么？不是说不能吃零食吗，你为什么偷偷吃？妈妈说话不算话，是个大骗子！”

开始思思妈妈自知理亏，还好好地劝说：“妈妈是大人，也不用换牙，吃点儿零食也没什么。思思是个乖孩子，要听妈妈的话。我不让你吃零食，是为了你好……”

思思情绪很激动，大声喊道：“我不管，妈妈就是大骗子！我也要吃零食，我也要吃零食！”

思思妈妈也生气了，说：“我是大人，我想干什么就干什么，你这个小孩，还想管着大人吗？！你不许吃零食和糖果，这个规矩必须要遵守，不要和我讲价！”

之后，爸爸妈妈再也没给思思买过零食，思思确实被迫遵守了规矩。可在其他事情上，她就没那么配合了。不管妈妈给她定什么规矩，她都不愿意遵守，遭到妈妈的批评，她就会反问：“你不也没遵守规矩吗？”“你不也说话不算数吗？”

古人云：其身正，不令而行；其身不正，虽令不从。我们之前也说，父母的以身作则，远远要比说教更具有说服力。家庭教育需要立规矩。可父母搞双重标准，觉得自己是大人就不用守规矩，就可以说话不算话，反过来，对孩子要求严格，要求孩子必须遵守规矩。这样的双标，只能让孩子迷茫、反叛，视规矩为无物。

想要孩子守规矩，父母就应该为孩子做出正确的示范：立规矩时，对孩子说：这是你的规矩，也是爸爸妈妈的规矩；注意自己的言行，不说一样做一样；率先遵守规矩，良好并坚持地遵守所制定的规矩。

另外，父母要守得住规矩，不能轻易因为各种原因打破它。很多父母明明早就定下规矩，可一旦孩子哭闹、央求便会心软，允许孩子打破规矩。父母以为这没什么，可孩子却产生这样的想法：规矩是可以打破的，只要自己哭闹、央求父母就可以。久而久之，规矩就形同虚设。

所以说，给孩子立规矩并不难，难的是父母把规矩当作双向的约束，而不是单向的管束。不管在生活上还是学习上，父母若是不搞双重标准，并且能良好、坚持地执行规矩，孩子自然就可以自愿地执行。

第9章

破解叛逆

——不打不骂不动气，合理应对孩子的叛逆期

对于父母来说，孩子的叛逆期最是令人头疼，你说东，他偏往西，你让他做这个，他偏要做那个。于是，父母为让孩子听话，开始采用强制的管教。可止因如此，父母与孩子之间产生了矛盾和隔阂。

父母行为越暴力，孩子就会越叛逆

很多父母信奉“三天不打，上房揭瓦”的教子原则，认为孩子不听话就应该打骂，这样才能树立大人的威信。通常，父母选择暴力对待孩子，往往都是情绪失控导致的。孩子不听话，父母火气就上来了，先是大声责骂，然后越骂越生气，最后就气急败坏把孩子打一顿。

然而，打骂解决不了任何问题，弄不好还会使孩子叛逆，故意和父母作对。这不，几千年前孔子就教育人们：“鞭扑之子，不从父之教。”意思是用鞭子抽打孩子，孩子不会听从父母的教导。虽然很多父母摒弃了打骂孩子的错误方式，但是仍有一些父母忘了孔子的教诲。

俊俊的爸爸便是如此，动不动就打骂孩子。周末爸爸带俊俊到运动场踢球，和两个家庭组成了临时队伍，对抗由几个初中生组成的队伍。比赛过程中，俊俊和一位中学生发生碰撞，狠狠地摔在草坪上，膝盖也被擦破了皮。

俊俊一下就着急了，站起来就猛推了对方一下，大声吼道：“你怎么踢球的！”对方连忙说：“对不起，对不起。”其他人也围了过来，纷纷询问出了什么状况，爸爸也赶过来，对所有人说：“没关系，踢球难免有碰撞，之后大家小心就可以了！”

俊俊却不依不饶，说：“他就是故意的，明明是我先抢到球，他却故意冲过来……”

爸爸觉得俊俊有些太计较，大声说：“好了！人家已经道歉了，不要太在意了！”

俊俊依旧争论说：“他不好好踢球，难道还不让我说嘛……”

爸爸火气一下就上来了，大声骂道：“你一个小伙子怎么这么计较！想踢就继续踢，不想踢就滚蛋！”说完，爸爸还用手用力打了俊俊的脑袋。

俊俊内心很是不满，气呼呼地跑向球场。接下来，俊俊故意和那个中学生作对，比赛开始时故意一脚把人家绊个大跟头，也狠狠地摔在草坪上。看到这样的情况，爸爸既生气又觉得丢脸，连忙和对方道歉。

然后爸爸严厉地大声说：“快！道歉！不要逼我生气！”

俊俊有些不服气，爸爸更生气了，伸手便打了俊俊一巴掌，说：“道歉！不然看我怎么收拾你！”说完还想要继续打俊俊，幸好被周围人拦住。而俊俊呢？直到最后仍拒绝道歉，他大声反驳：“哼，我就不道歉！他能故意撞我，我为什么不能故意绊倒他！”然后，俊俊便头也不回地离开了球场。

其实，俊俊的行为确有不当，小心眼儿、太计较，之后还故意报复。但是孩子犯了错，爸爸便当着陌生人面随意打骂，显然也不是明智之举。孩子毕竟是孩子，会因为一些事情而失控，会用不恰当的方式发泄不满。

这个时候，父母需要对孩子进行正面的影响，用温和的方式批评，然后明确指出正确的做法。这才是正确的教育方式，孩子内心才不会不满和反抗。

说到底，不管是语言的暴力还是行为的暴力，都是情绪化的反映，都是不恰当的沟通模式。在这样的父母面前，孩子只能有两种结果：一是出于恐惧心理，做事小心翼翼；二是越来越叛逆，像个叛逆分子。不管是哪一种结果，孩子都不愿继续和父母沟通，也无法成为一个好孩子。

而且，心理学专家研究发现，父母的一味打骂会加剧孩子的不良行为，比如孩子因为撒谎而遭到父母的打骂，不仅不会改掉撒谎的习惯，反而更爱撒谎；孩子有拖延症，做事喜欢磨磨蹭蹭，父母总是控制不住暴躁的情绪，一边吼叫一边打骂，孩子反而更磨蹭。

有教育学家认为：打骂孩子是父母无能的表现，还可能引起孩子对父母的蔑视，使得父母威信扫地。一旦孩子形成“你错了，我就打你”的错误观念，就会用同样的方式对待父母、朋友，甚至是下一代，将来成为暴力型父母。

所以，要记住孔子的教诲：“鞭扑之子，不从父之教。”父母的行为越温和友爱，孩子内心就越友爱，越愿意听父母的意见。父母的行为越暴力，孩子内心越叛逆，不愿意亲近父母，更不愿意与父母交流。

不做行为暴力的父母，孩子便不会行为失控。

不要专断蛮横，允许孩子发展他的独立性

很多父母总是在家里摆“大家长”威风，剥夺孩子的自由和选择权，听不见孩子的意见。孩子想做一些事情，只要自己不喜欢，父母便一律压制。孩子提出一些想法，只要不符合自己的意愿，父母便坚决反对，没有一点点商量的余地。

这样的父母习惯把自己的意愿和观点强制灌输给孩子，完全不顾及孩子的感受。可事实上，这样的专断蛮横是错误的，孩子表面上对父母唯命是从，但内心却强烈不满，甚至充满怨恨。

在孩子小时候，父母或许可以压制住孩子，让他乖乖地听话。可到了青春期，孩子自我意识增强，渴望平等、自由、独立，就会把不满付诸行动。这个时候，父母就会感觉力不从心，大呼孩子“叛逆”。

或许很多父母都看过电影《神秘巨星》，这部电影讲述了一位少女勇敢追求梦想的故事，但也反映了一个专断蛮横的爸爸家庭教育的失败。少女从小就有一个音乐梦想，希望全世界的人都听到自己的歌声。而且，她非常有天赋，唱歌的视频受到极大关注，还获得了音乐奖项。

可专制的爸爸把这看得一文不值，认为女孩就应该早早嫁人、生儿育女。他逼迫少女放弃音乐梦想，砸掉她的电脑，扔掉她的吉他，还给她找了婆家……好在少女的妈妈理解和支持她，于是少女勇敢地反抗，突破歧视和阻挠，实现了自己的梦想。

心理学家亚伯拉罕·马斯洛认为，专制主义养育方式不利于孩子自由而充分地成长，压抑儿童天性，就好像给孩子穿上一件紧身衣，容易导致孩子出现人格问题、心理障碍。

所以，专断蛮横只会关上亲子交流的大门，让孩子对父母越来越失望、排斥。孩子是一个有思想、有主见的独立个体，父母从不尊重他，从不允许他独立发展，孩子怎么可能心服口服？

或许有些父母认为，孩子还小，大人都是为孩子着想，而且对孩子严厉些、管制些有什么不好？只有如此，孩子才不会走错路。但是严厉不等于专断蛮横，管制也不等于剥夺孩子自由和自主权。孩子有自己的人生，有自己的想法、兴趣、理想，父母不能因为觉得自己是家长、觉得自己是对的，便专制地主宰孩子的一切。

身为父母，想要孩子不叛逆，就应该把自由、独立、选择权还给孩子。这是尊重，也是支持。不强迫孩子必须听自己的，不压抑、限制孩子的愿望，对孩子的一些“出格”的想法与行为也尽可能宽容。如此孩子才更愿意和父母交流，并且能把父母当成亲密的朋友。

有个男孩从小就喜欢看星星，想到天空中摘星星。周围人都笑话他，说他白日做梦。可是，男孩却把这个梦想记在心间。高考结束，他成为全省高考状元，分数足以上北大。当他和父母说“我要读天文学”时，迎来的是父亲的呵斥和反对。

在父亲看来，天文学是一个冷门，对于孩子将来发展没有任何好处。他希望孩子能学习经济学，这样将来才能好找工作，才能成就事业和积累财富。父亲对他充满期许，而且用心为他规划了未来的道路。

男孩不甘心被父母安排，他找父母好好地交谈了一次。他说出了自己的星星梦，说出了自己对天文学的热爱。父亲看到了男孩的热爱和真诚，选择了妥协，把决定权交给了他。最终男孩实现了自己的梦想，在开学典礼上他作为学生代表发言，首先感谢了父亲的理解和支持。

可以想象，若是男孩父亲专断蛮横，强迫他学习经济学，结果会怎样？或许男孩会妥协，可梦想被剥夺，他还能好好学习父亲给他选择的专业，还能好好按照父亲的规划走吗？在之后的时间内，男孩又会好好和父亲相处和沟通吗？

其实，父母应该明白，专断蛮横的方式往往把好事弄成坏事，把孩子推得越来越远。事后，即便再后悔也无济于事了。孩子已经心生不满、怨恨，见到父母就如同见到“仇敌”，何谈沟通交流？

孩子是父母生养的，但是孩子不是父母的附属品，也不意味着人生就应该被父母主宰。孩子的成长应该是一步一个脚印，不管晴雨，不论深浅，都需要自己走出来。所以，不要专断蛮横地对孩子说，“我是家长，你必须按照我的想法去做”“你还小，只能听我的”，而是温柔地告诉他，“你已经长大，我尊重你的决定”“你自己的事情可以自己做主”。

给予孩子尊重和自由，允许孩子发展独立性，而父母只需在一旁引导，如此我们才能养育出期盼中的好孩子，并且收获亲密的亲子关系。

用聊天代替唠叨，消除敌意再引导

孩子什么时候最反感父母？答案是父母唠叨的时候。

很多父母都习惯唠叨，关心也唠叨，教导也唠叨，抱怨也唠叨，不管什么事情总是唠叨不停。或许父母认为只有自己说得多了，孩子才能记住自己的话，从而做对事情、改掉缺点。尤其是孩子犯错时，父母就更喜欢唠叨了，认为只有说的次数多了，孩子才能意识到错误，才能真正改掉错误。

然而父母不知道的是，过度唠叨，不仅会让孩子烦躁、不满，还可能让孩子麻木、冷漠，想要尽快逃离所处的环境。这并不完全是因为孩子叛逆，而是因为“超限效应”。这是一个心理学概念，是指刺激太多或过强，人们就会产生不耐烦和逆反心理。

这个结论是作家马克·吐温发现的，有一次马克·温吐听牧师募捐演讲，开始他觉得牧师讲得非常好，准备捐 10 美元。可牧师的演讲非常长，五分钟、十分钟过去了，他依旧滔滔不绝地讲着。而且，他的演讲都是废话、无关紧要的话。

演讲结束，马克·温吐很是生气，不仅没捐一分钱，还从募捐箱里拿走2美元，因为牧师浪费了自己的时间。

其实，这和我们所说的“月满则亏，物极必反”是一个道理。任何事情多了，超过了限度，都会适得其反。父母对于孩子的关心和说教也是如此。所以，即便父母的唠叨是出于关心，孩子也没有耐心听，父母的唠叨有利于孩子改错，孩子也听而不闻。当父母的关爱和说服变成唠叨时，就注定了失败。

这是因为，一般来说，孩子到了七八岁，就有自主意识了，他们希望父母能理解自己，能和自己好好地沟通，而不是一味地说教和没完没了地唠叨。随着孩子年龄的增长，孩子心理逐渐成熟，自主意识更强，这个时候，用聊天代替唠叨，用引导代替说教，才是最聪明的做法。

庆庆有段时间上学总是迟到，老师向庆庆妈妈询问事情缘由。妈妈感到很奇怪，庆庆每天都早早出发，为什么还会迟到呢？难道他在路上玩耍，或是去了其他地方？

换作其他父母或许会说教，不停地唠叨：“发生了什么事情，你怎么总是迟到？”“你是不是去哪里玩了”“不要贪玩，要早点儿去学校”“不能总是迟到，这对学习不好”……

可庆庆妈妈并没有做，只是心平气和地问孩子：“你每天都早早出门，怎么还会迟到？”

庆庆见妈妈没有指责自己，便说：“前几天，我在路上遇到一只被抛弃的小猫，每天都给它带些食物。”

庆庆妈妈顿时想起来，说：“这几天你总是带一些面包、牛奶，是不是为了喂小猫？”

庆庆说：“是的。小猫太小了，只能吃些面包和牛奶。小猫吃得很慢，所以我不小心就迟到了。”

妈妈听了孩子的解释，笑着说："孩子，你爱护小动物是好事，但不能耽误上学，对不对？"

见庆庆点了点头，妈妈继续说："而且，小猫总是在那里也不是办法。现在天气冷了，万一它被冻死怎么办？"

听妈妈这样说，庆庆着急了，说："那怎么办？妈妈，小猫太可怜了。我们帮帮它吧！"

妈妈想了想，说："明天我和你一起看小猫，然后把它抱回家。我们楼下车库空间大，而且暖和，可以安置小猫。然后我们再慢慢给它找主人，你看怎么样？"

庆庆痛快地答应了，还感谢了妈妈的支持和理解。

看到了吧！好的父母，不说教，不唠叨，他们会倾听，会给孩子说话的机会。庆庆妈妈不急于说教，不一味地唠叨，而是通过聊天了解孩子迟到的原因，然后和孩子商量如何解决问题，孩子自然就没有抵触情绪了。

在教育孩子的过程中，父母是关爱也好，批评也好，都应该做到点到即可。即便是孩子犯了错误，父母也应该适当地进行批评，因为孩子是懂道理的，可以认识到自己的错误，并能积极地改正。讲得多了，没完没了地唠叨，孩子不仅不会改正，还可能适得其反。

举个例子，孩子做错了事情，父母说一次，孩子就知道错了，会自责，会决定改变。可父母一开始说教，就反反复复说孩子不应该这样，说孩子应该知错就改，孩子的内心就会烦躁，完全没自责。时间长了，孩子会对唠叨产生抗体，变得越来越麻木、冷漠。

换一种方式吧！把握好和孩子沟通的尺度，你与孩子的沟通将更顺利和和谐。

做开明的父母，请孩子对自己进行“控诉”

教育专家兰海说：“孩子爱顶嘴，第一说明你们家是开放民主的，孩子有话可以说；第二代表你家的孩子有非常强烈的独立思考能力。”

然而，很多父母习惯批评、指责孩子，认为大人说话，孩子就应该“言听计从”。如果孩子反驳、控诉，那便是犟嘴、“不孝”。即便错在父母，大人也会因为面子问题，拒绝向孩子低头。倘若孩子争辩，控诉对父母的不满，大人轻则呵责，重则打骂。

其实，孩子与父母争辩，控诉对父母的不满，是一件好事。争辩是孩子思想的表达，控诉是孩子情绪和心理的宣泄。在争辩和控诉的过程中，思想得到了沟通，不满得到了表达，矛盾自然就得到了解决，之后父母与孩子的沟通才能在和谐、良好的氛围内进行。

可若是父母不允许孩子争辩和控诉，简单地把孩子的争辩看作犟嘴，把孩子的控诉当成“造反”，进而采取简单粗暴的打压方式。那孩子就真的会如父母所想，事事与父母对着干，不管父母的话是否有道理，都情绪化地怼回去。或是干脆关闭交流的大门，用敷衍和冷漠来对待父母。

因为孩子的情绪需要一个宣泄口，争辩、控诉无疑就是孩子情绪的宣泄口。父母把孩子宣泄情绪的出口堵住，让孩子把不满都憋在心里，他怎么愿意和父母沟通呢？

15 岁男孩为为的父母和朋友抱怨：“我家孩子之前什么事情都和我们讲，可现在几乎很少和父母沟通。平时和他说什么事情，他只是‘嗯’‘是’‘知道了’地敷衍，说多了就直接怼我们。这孩子究竟怎么了？难道现在的孩子都这么叛逆吗？”

此时，朋友说：“问题真的出在孩子身上吗？我觉得你们这样想，似乎有些偏颇。你们应该思考一下，教育孩子的过程中，是否做到了好好沟通，是否让孩子说出了自己的想法？”

为为父母陷入沉思。朋友继续说：“父母应该树立一种观念，允许孩子说话，允许孩子争辩，甚至是控诉对父母的不满。这不是什么丢面子的事情，反而让孩子看到父母的低姿态、对自己的尊重和重视。我建议你们开一个家庭会议，好好和孩子沟通，请孩子表达对你们的不满。”

为为父母接受了朋友的意见，很快召开了一次家庭会议。为为爸爸先开了口，心平气和地反思自己，说自己之前思想有偏差，总觉得自己永远是对的，在孩子面前始终高姿态。妈妈也做了自我反思，承认之前不尊重孩子，不允许孩子争辩。

最后妈妈说：“为为，爸爸妈妈都认识到错误了，希望你能原谅我们。今天家庭会议的主题只有一个，那就是请你控诉自己的不满。你放心我们一定认真记录，认真反思身上的问题。”

妈妈的话让为为很激动，委屈的眼泪唰地流下来。接下来，为为述说了自己的委屈，表达了对父母的不满，在父母面前敞开了心扉。

之后，为为父母每周都召开家庭会议，让孩子表达意见、不满，平时为为父母还允许孩子争辩。就这样，为为不再叛逆，更加尊重和信任父母。

我们总说，每个人都会犯错误，父母也是如此。只不过，聪明的父母会反思自己，承认自己的错误，并且积极改正。开明的父母会保持低姿态，允许孩子表达不满，控诉父母的错误。一些不聪明、不开明的父母长期压制孩子，不许孩子顶嘴、不许孩子争辩，慢慢地，孩子就不再信任父母，不愿对父母敞开心扉。

让孩子有控诉的权利，这对很多父母来说并非能轻易做到。恰是如此，大人们才需要努力克服自以为是、唯我是从的单纯说教模式，学会尊重孩子，为孩子创造一种自由、平等的家庭环境。

但值得注意的是，父母应该引导孩子说理，而不是肆意发泄情绪，用过于激烈的表达方式来控诉。父母应该告诉孩子，可以表达不满，但不能乱发脾气；他可以控诉父母的错误，但不能不尊重父母。

父母有多开明，孩子就有多容易沟通。想要破解孩子的叛逆，那大人就做开明、低姿态的父母吧！

跟青春期的孩子，像朋友那样谈一谈“爱情”

对于父母来说，青少年的早恋问题让人倍感头疼。孩子青春萌动，容易对异性产生好感，可毕竟不成熟，可能懵懂地把单纯的好感误认为爱情。孩子容易受情绪影响，因对异性产生不一样的情愫而心神不宁，难以好好学习；容易对所谓的爱情产生困惑，难以继续正常地和对方交往；甚至可能因为“失恋”而情绪低落……

面对这些问题，孩子可能羞于表达，可能怕父母责骂，于是往往选择闭口不言。可越是这样，父母就越应该关注孩子的情绪，不妨和孩子谈一谈“爱情”。

和青春期的孩子谈“爱情”很重要，而如何谈更为重要。若是父母直接戳穿孩子的心事，然后严厉地训诫“要专心读书，不可以想非分之事，不可以谈恋爱”，甚至做出更过分的事——找班主任反映，找异性家长会谈。这样的方式会让孩子感到丢脸、被羞辱，产生强烈的反叛心理。

在心理学上有一个罗密欧与朱丽叶效应，它说的是当两个人相爱时，若是遭到外界的反对和阻挠，两人不仅不会分手，反而像罗密欧与朱丽叶一样爱得更深，拼尽一切来反抗。所以，即便孩子对异性只是单纯的朋友间的好感，但因为父母的审讯、苛责、训斥，则会把“被早恋”发展为“早恋”。孩子内心会叛逆地想：你不是说我早恋嘛，那就我早恋给你看！若是孩子真的早恋了，与异性谈起青涩的恋爱，也会因为父母的简单粗暴而反抗，宣扬“你越是阻挠，我们就越在一起”。

甜甜今年初三了，学习好、性格好，长得很漂亮，同学们都喜欢她，而她也不矫情，和同学们关系都很好，当然包括男生在内。甜甜是学习委员，和班长刘锋一起完成老师交代的任务，一起商讨班级活动事宜。就这样，两个人来往越来越频繁，一起学习、一起策划活动，彼此也有了好感。

高中时，甜甜和刘锋不在一个学校，可学校距离不远，两人还时常联系。刘锋学习非常好，是个地道的学霸，甜甜遇到什么问题都会请教他。到了周末，两人还会一起约同学看电影、玩游戏。

甜甜感觉自己是喜欢刘锋的，可是她也知道自己还小，最重要的是学业。她愉快地和刘锋交往，保持着阳光的朋友关系。可是妈妈误认为甜甜早恋了，一天刘锋给甜甜打电话，商量参加同学生日聚会的事情。电话结束后，妈妈严肃地问：“甜甜，你和刘锋关系这样好，你们不会是在恋爱吧！”

甜甜有些不好意思，说：“妈妈，我们是好朋友，不是在谈恋爱！”

妈妈继续审问：“你们每天都打电话、发微信，还时常一起外出，难道不是谈恋爱？！你现在还小，不许胡思乱想，不许谈恋爱！”

甜甜有些生气了，说：“妈妈，你不要胡说了！我们一直都是好朋友，初中三年关系都很好啊！虽然我对他有些好感……”

听到这儿，妈妈好像抓住了甜甜的小辫子，大呼：“你看！你承认了吧！你一定是谈恋爱了！”

甜甜很无奈，说:“你怎么胡搅蛮缠呢！我说了没有就没有！”

妈妈开始教训甜甜：“总之，我就是不许你小小年纪谈恋爱，从今天起你不许和刘锋来往，不许打电话、发微信，现在你就把他的电话、微信删掉。”

甜甜情绪终于爆发了，大喊：“你凭什么干涉我的生活！”说完就回到自己房间，还狠狠地摔上了门。

之后的一段时间，妈妈总是不放心，时常审问、教训甜甜，“你不能谈恋爱！”“你必须好好学习！”“你是小孩，还不懂什么恋爱！”后来，甜甜的逆反心被激发，真的和其他同学谈起了恋爱，还故意在妈妈面前手拉手……

可以说，这样的情形不仅发生在甜甜和妈妈之间，也发生在很多青春期孩子的家庭里。看到孩子有异性好朋友，或是得知孩子对异性有好感，父母便大惊小怪、大动干戈，怒斥孩子的“早恋”行为。就这样，父母的错误方式让孩子反叛，亲子之间的矛盾也产生了。

所以，父母应该明白，青春萌动是青春期少男少女的必修课，大可不必把它看作洪水猛兽。父母应该耐心地倾听孩子的心声，像朋友一样和孩子交流，引导孩子正确地认识“性”、与异性的关系。

不管是孩子对异性有好感，还是真的早恋，父母都应该心平气和，尊重孩子的情感需求，让孩子正确认识爱情，正确保护好自己。如果有可能，父母可以和孩子讲讲自己青春年少时的恋爱经历和感受，再谈成年后的恋爱经历和感受，让孩子明白青春期的爱情是青涩的、不成熟的。同时，父母必须让孩子明白，作为学生，最重要的是学业，切不可耽误学习。

如果你是开明智慧的父母，那么请像朋友一样和孩子谈“爱情”，如此孩子才能度过美好的青春萌动期，成熟起来。

孩子的偶像情结，父母需要好好引导

每个时代有每个时代的偶像，偶像包括英雄、各行业杰出人士、科学家、明星等。通常十几岁的孩子，总是迷恋那些帅气光鲜的明星，尤其是女孩会过度迷恋小哥哥。买应援产品、刷榜单、追影视剧、接机、参加粉丝活动……这些几乎成为孩子追星的“日常”，有些孩子还因为追星不好好学习，使得学习成绩一落千丈。

面对这样的情况，父母自然感到着急、头疼，想尽办法制止孩子的疯狂行为。有的父母对孩子横加指责，痛骂孩子不学好，把孩子的应援物品全部扔掉；有的父母拿出家长的架势，没收孩子的零花钱，限制孩子的活动与自由。可父母越是这样，孩子就越反抗，不但不听从父母的话，还怨恨父母剥夺了自己的自由和权利。

青青是个 15 岁的青春期女孩，从两年前就喜欢上某个明星，成为一个地道的“小迷妹”。在同学的介绍下，青青参加了粉丝会，时常为自己的偶像“应援”，买一些应援物品，包括海报、T恤衫等。偶像主演的电视剧、参加的综艺，青青总是迫不及待地追看，在朋友圈、微博等宣传。

不过，青青还算理智，从不参加粉丝活动，也不到机场接机。因为她知道自己还是学生，主要任务是学习。她喜欢这个明星是因为他阳光、帅气，而且工作认真、努力，很多青少年都从他身上获得了力量。

然而妈妈却对青青的追星行为不认同，批评她不好好学习，只会胡思乱想。为了不让青青追星，妈妈还没收了她所有零花钱，卸载了她的微信和微博。妈妈片面地认为，孩子追星就是叛逆，很可能因为追星走错了路。可是她的行为却激发了青青的逆反心，那段时间她在家里不说话，在学校不好好学习，还故意和妈妈吵架。

青青妈妈感到很无奈，只能求助一位朋友。那位朋友得知情况后，笑着说："其实，孩子追星也不见得是坏事，她的成绩下降了吗，学坏了吗？"青青妈妈想了想，摇了摇头。朋友继续说："你说的那位明星挺不错的，是个正能量的偶像。孩子追这样的明星，是一件好事。你不妨多了解了解他，这样或许还能和孩子有共同语言。"

听了朋友的话，青青妈妈决定作出改变，尝试着了解那位明星，观看他的影视作品，并且也喜欢上了他。之后，青青妈妈和青青一起看剧，一起追综艺，不仅让青青不再叛逆，还进一步促进了彼此之间的沟通。

其实，孩子追星是一个普遍的现象，身为父母的没有必要如临大敌，更没有必要大加干涉。一个关于青春期孩子的调查显示，这个阶段的孩子普遍存在"偶像崇拜"现象，有 50% 的人承认有过特别崇拜的明星，有 34.5% 的人承认正在追某个明星。

回头看看自己，青春年少是不是也曾追过刘德华、林志颖、周杰伦等明星？为了这些明星，自己是不是也买磁带、买唱片，把海报贴满墙壁？既然如此，孩子有追星的行为，大人为什么就无法接受呢？

不可否认，现在有一些行为极端的孩子，做出了一些不当的行为。但是，父母不能以偏概全，认为孩子追星就会误入歧途。很多孩子追星是因为喜欢他们身上的某种品质，或是被他们的才华、特别的魅力所吸引。还有些孩子追星是因为内心不快乐，学习压力大，父母不陪伴，以及青春期的烦恼，都让他急需寻找精神的慰藉。另外，孩子追星也是成长的一个临界点，随着年龄增长，孩子想要摆脱父母的权威，渴望独立、自由，而这个时候，明星的行为就给予了孩子激励，让他勇敢地迈出这一步。

著名心理学家马斯洛就曾说："青春期的孩子对偶像崇拜是一种向往独立的意识表现，是他们渴望被社会认同和欣赏的心理状态。"

所以，对于孩子追星的行为，父母不能一味地干涉，而是应该好好地引导。父母需要给予孩子温暖和关爱，多和孩子交流和谈心，了解孩子喜欢哪个明星，为什么会喜欢他。在了解和理解孩子的基础上，父母要引导孩子追正能量的明星，引导他正确地追星。

父母需要告诉孩子，不能只关注明星的外表，更要关注其内心。告诉孩子，真正的明星是充满正能量的，身上有着独特的魅力，有着让人学习的优秀品质。同时，父母需要告诉孩子，多关注那些各行各业英雄、各领域的杰出人士，避免孩子越来越浮躁和肤浅。

当然，父母需要发挥偶像的榜样作用，让孩子在追星的过程中努力提升自己，成就最好的自己。

父母越逼迫，孩子越不爱学习

很多孩子成绩差、不爱学习，这让父母感到头疼，一方面认为孩子不学习就是懒惰、叛逆，另一方面担心孩子考不上好高中、好大学，将来很难有出色的工作和未来。于是，在望子成龙、望女成凤思想的促使下，大部分父母开始来“硬”的，想办法监督、逼迫孩子学习，给孩子报各种学习班。殊不知这些做法给孩子带来了更大压力，让他们越来越讨厌学习，还产生了强烈的逆反心理。

这是因为没有人会对一件事保持持久的热情，在接受刺激时，不管是积极的还是消极的，都有一定的限度。就好像海绵一开始可以吸收很多水，可达到饱和度，就再也无法吸收了。孩子每天都要学习很多东西，要做各学科的作业、练习册，父母却还是一味地督促、逼迫，如何不让孩子厌烦和抗拒？

不要不相信，看看一位心理学家做的实验，你就明白了。这位心理学家在公共场所摆下桌子和纸笔，邀请路过的人前来挑战：谁能完整地且不修改地写出 1~300 的数字，便可以得到50元钱。

路人都觉得这很简单，纷纷拿起笔来尝试，可最终拿到奖励的人寥寥无几。

如此简单的事情，为什么人们几乎都失败了？很简单，因为人们担心写错，写数字时高度紧张、注意力集中。而长时间的精神紧张让人们很容易进入厌烦状态，从而注意力越来越不集中，出现这样或那样的失误。

大人尚且如此，更何况是孩子呢？所以，做父母的不要给孩子太大压力，即便孩子学习不好，对学习积极性不高，也不要一味说教和逼迫。父母可以对孩子寄予厚望，可以想办法提高孩子的学习积极性，但一定要根据孩子的情况来适当引导和鼓励。

兴趣是所有人的老师。父母应该灵活地运用诱导的方法，激发孩子的学习兴趣，可以给予孩子褒奖、赞美，可以让孩子认识到学习的乐趣。父母还应该帮助孩子找一个学习的榜样，多鼓励孩子和爱学习、成绩优异的同学交朋友。当孩子受其影响，便可以改变厌学的心理，对学习有兴趣。

一个初二男孩很聪明，可心思就是不用在学习上，积极性和主动性并不高，学习成绩始终在后十几名徘徊。男孩父母很着急，可他们也知道打骂不会起作用，反而会让孩子更厌恶学习。后来，在朋友的建议下，男孩父母为他选择了一个游学夏令营，和同龄孩子到北京游学。在老师的带领下，男孩参观了北京大学、清华大学两所全国顶级学府，参加了北京大学高才生的体验课堂。同时，北京大学的学生还为孩子们讲了自己的学习方法、学习趣事。这一次游学让男孩增长了见识，也认识到学习知识的好处，之后积极性提高不少，成绩自然也大有进步。

除此之外，父母需要认识到，孩子的学习压力真的很大，尤其是对于那些有心学习却成绩不好的孩子来说，承受的心理压力更是不可言喻的。这个时候，父母要做的不是责怪孩子、逼迫孩子，而是引导和帮助孩子适度减压。

父母可以耐心地和孩子聊天，让他开怀地大笑一场，或是痛快地大哭一场，这都很利于排解郁闷、烦躁、不快。父母可以带孩子去运动，或进行户外活动，在运动中消除不良情绪。在日常生活中，父母要给孩子营造一个轻松、温馨的生活环境，多给孩子选择的空间，多听孩子述说自己的心事。生活轻松了，心情愉快了，孩子学习压力自然就会减轻。

简言之，孩子厌恶学习，绝大部分原因在于父母的强迫。因此只有最笨的父母才会选择督促、逼迫的方式，让孩子对学习厌烦，对父母充满敌意。而聪明的父母却可以掌握孩子的心理，采取诱导、鼓励的方法，让孩子对学习充满兴趣，对父母也是满心喜欢和信任。

在逼迫孩子学习时，不妨换一种方式，努力培养孩子的学习兴趣，营造良好的学习环境，也许孩子会给你一个惊喜。

如果父母错了，请正式向孩子道歉

孩子犯错，父母会给予批评，要求他积极认错。可父母犯了错，向孩子认错似乎成了难题。有的父母会认为向孩子道歉，岂不是很没面子，之后自己的威严何在？有的父母则想向孩子说“对不起”，可话到嘴边硬是不好意思说出来。

接下来，类似的情形就出现了：父母犯了错，冤枉了孩子，通常会做一些好吃的，然后对孩子说：“吃饭了！我做了你爱吃的 ××”，这就算是道歉了。又或是父母没遵守诺言，答应孩子去旅游却临时变了卦，然后买了孩子心仪很久的玩具，这就算是补偿了。

在很多父母眼里，我已经妥协了，已经向孩子低头了，就是表达歉意了。难道这还不够吗？难道非要我郑重其事地向孩子说“对不起”吗？当然！做错了，就应该道歉，这是最寻常的道理。不是你是大人，你就是对的。不是你是父母，就可以不道歉。明明错在你，你却不道歉，如何让孩子信服？！要求孩子的事情，你自己都做不到，又如何管教孩子？！

其实，是非对错，孩子心里是有数的。若是父母知道自己做错了，却不肯向孩子道歉，孩子就会想“既然父母都不认错，我又凭什么认错”，从而拒绝认错改错。慢慢地，孩子对父母失去信心和信任，把父母的批评和教导当作耳旁风。

琪琪妈妈正在打扫卫生，一不小心把琪琪的水晶音乐盒打翻在地，一只蝴蝶断了翅膀。琪琪妈妈赶紧捡起来，恰好琪琪这时进来，看到了这一幕。琪琪很伤心，问：“妈妈，你把我音乐盒弄坏了！”

琪琪妈妈没底气地说：“不是我弄的，我进来就看见它掉在地上，我只是把它捡起来！”

琪琪很生气，说：“明明就是你弄的！我把它得放好好的，怎么可能无缘无故掉下来！”

琪琪妈妈不仅没道歉，反而生气地说：“就是一个音乐盒而已，坏了就坏了。我明天再给你买一个不就好了！”

琪琪听了这话，很是生气，说：“哼，妈妈不讲理，我不理你了。”结果，琪琪真的好几天没理妈妈。可这还不算完，自从那天起，琪琪变得不听话起来，做错了事情也绝不认错。

一天，琪琪放学就和同学到小公园玩，比平时回家晚了1个多小时。琪琪妈妈很生气，严肃地批评了她，并且要求她道歉和保证不会再犯。谁知琪琪说：“我没错，我不道歉！你自己做错事都不敢承认，不向我认错，凭什么还管我？！”听了这话，琪琪妈妈愣住了，对于当初的行为后悔不已。

每个人都会犯错，每个人都应该敢于认错，父母也不例外。虽然向孩子认错是一件不容易的事。但是，只有你放下所谓的面子，真诚地说一句“孩子，我错了”“对不起，爸爸（妈妈）……”，孩子才会更加信任父母，同时，也会对父母的教育心悦诚服。

另外，父母向孩子道歉，也能让孩子感觉到被尊重，感觉自己和父母是平等的，进而建立起自尊和自信。这样一来，父母与孩子的距离拉近了，还产生了亲密感。这种亲密感是孩子心里最渴求、最需要的，有了它孩子便会明白父母是疼爱和尊重自己的，便不再叛逆和反叛。

一位爸爸准备出门，到车库去开车。可一进车库就火冒三丈，自己的新车被画花了，痕迹还是新的。很明显，这是年幼的儿子做的。爸爸无法控制自己的怒火，回到房间冲着儿子大喊大叫，还打了他几下。

孩子很委屈，含着眼泪，说：“我不是乱画，我只是……”

爸爸更生气，呵斥道：“做错事还不承认，今天罚你不许外出！我晚上回来再找你算账！”孩子默不作声，委屈地哭着。

这位爸爸晚上回到家，想检查一下车子的情况。这才发现，儿子不是乱画，而是写了一句话：“爸爸，我爱你！”旁边还画了一个爱心。这时，他才明白儿子的举动，后悔自己太冲动了。

回到房间，他来到儿子房间，抱了抱孩子，然后温柔地说：“对不起，孩子。我不应该那样对你！”听了这句话，儿子大哭起来，紧紧地抱住了爸爸。

父母误解了孩子，用不正确的方式对待孩子，这个时候就更应该道歉。父母的道歉，就是对孩子尊重和爱的体现。我们常说要爱孩子，要好好地教育孩子。可父母若是总以为只有孩子应该向我们认错，我们没必要向孩子认错，那就大错特错了。

所以，想要和孩子没隔阂，想要孩子不叛逆，父母就应该敢于向孩子道歉。“对不起”这三个字平平无奇，可对孩子异常重要。

第10章

父母话术的训练方法

父母应该知道哪些语言对孩子的成长有害，哪些语言对孩子的成长有利。想要孩子自信、快乐，以及改善亲子关系，父母就应该掌握与孩子沟通的话术。现在一起来训练父母话术吧！

谈话桌话术

一位心理学家通过研究发现人与人谈话时，尤其是表达不满时，双方的信息传达与接收是不对等的，很容易产生歧义。尽管你并未打算故意批评、指责或贬低对方，可对方听到的更多是批评、指责或贬低，认为你的话语中含有敌意、不尊重。

亲子沟通也是如此。正因如此，父母的说教、唠叨、批评是好意，仍被孩子误解并心生不快。举一个简单的例子，你对孩子说：“你为什么不多穿一件衣服？”在孩子听来，你是在批评和指责，然后他会在内心中埋怨：妈妈总是批评我做的每件事。

所以，与孩子沟通，父母要掌握正确的沟通话术，避免语言之间的微妙误差促使亲子沟通发生矛盾。

第一，把话说得明确具体，可以重复解释一遍。

人与人沟通的过程像是一个漏斗，即便你 100% 表达出自己的意思，对方也很难 100% 地领会你的意思，更何况很多时候你根本无法 100% 表达内心想法。尤其面对一些年龄小、理解能力差的孩子，你表达了 80%，孩子可能只听到 60%，能懂得的只有

40%。

这个时候，把话说得具体、详细，且多解释一遍，就变得更加重要了。

“你为什么不多穿一件衣服？”

“天冷了，你应该多穿一件衣服。这个季节很容易感冒，妈妈可不希望你生病哦！”

“你已经6年级了，还想继续踢球吗？”

“现在你已经6年级，学习任务很重，我想征求你的意见，看你是否还想继续踢球。如果你喜欢踢球，并且不觉得时间紧、身体疲惫，我会支持你。如果你觉得应付不来，我建议你先暂停一段时间。”

父母只说第一句话，孩子很容易认为父母在责怪自己。可是进行具体的阐述和解释之后，孩子便可以明白话里的关心和友好。

第二，采用XYZ陈述法则，打开正确的沟通方式。

心理学大师罗兰·米勒在《亲密关系》中提出一种有效的表达式，叫XYZ陈述法。X代表事件、Y代表环境、Z代表感受。这种方法既指出问题，又表达感受，是非常有效的沟通方式。

比如，孩子写作业不认真，数学作业出现3处的错误。父母若是这样说：“你总是马马虎虎，就不能好好写作业吗？”与孩子的沟通或许毫无结果。

可若是父母采用XYZ陈述法，这样对孩子说：“你写作业时不专注，导致数学作业出现3处简单的错误，我很生气。我觉得你应该改掉这个坏习惯，让自己更专注些。”

再如，孩子与人发生冲突，手臂被人划伤。父母很担心孩子的伤势，却说出这样的话："你怎么又受伤了？难道就不能让大人省点心吗？"关心变成了指责，沟通就很难继续下去了。

可若是换个说法："你与人发生冲突，又受了伤，我很担心你。与人沟通时，你要学会好好说话，要懂得控制自己的情绪……"亲子沟通便不会因为歧义变得不顺畅。

第三，对事不对人，明确说出事实。

很多父母看到孩子犯错，习惯情绪化地唠叨，而且容易从一件小错联想到孩子的品质，然后就是人身攻击式的训斥。

一家人吃过饭，妈妈收拾碗筷，孩子往沙发上一躺，打开电视看起来。妈妈看到这个情形，生气地责骂："你怎么这样懒惰、自私，一点儿眼力见儿都没有。我真是白养了你！"这就是典型的对人不对事。孩子被骂得莫名其妙，根本不知道自己做错什么。

可若是妈妈能明确指出孩子错误，对事不对人，效果就大不一样。"你就是大懒虫，看看桌子还没有擦，地上垃圾还没打扫，也不说主动帮帮妈妈。"听了这话，孩子还会不乐意帮忙做家务吗？

谈话桌话术，犹如双方在谈话桌谈判一样，父母要明确、具体且恰当地表达，避免话里存在歧义，如此一来孩子才能更好地接收、听懂，更乐意接受意见。

表扬和鼓励的话术

孩子对表扬和鼓励很敏感，可事实上，表扬和鼓励是有很大区别的。表扬注重结果，鼓励注重过程。表扬更多肯定对方的天赋，鼓励则希望对方做得更好。可以说，表扬和鼓励都是正向语言，可对孩子产生的影响大有不同。

心理学家卡罗尔·德韦克曾做过一个长期试验：她和同事们选出 400 名学生，让他们独立完成智力拼图游戏，然后随机把孩子分成两组。第一组，研究人员对孩子的智商进行表扬，比如，“你很聪明”“你很有天赋”等；第二组，研究人员则对他们的努力进行鼓励，比如，“你很努力，所以表现很出色”“你做得很好，所以很快就完成拼图”等。

接下来，研究人员让孩子开始第二次拼图游戏，并且把游戏分为难易两种，让孩子们自由选择。结果显示，第一轮被夸奖努力的孩子，有 90% 选择了较难的游戏；而那些被表扬聪明、有天赋的孩子，大部分选择了简单的游戏。

随后，第三次测试开始，所有孩子都参加同一个难度很大的游戏。因为游戏难度已经超过孩子们的能力水平，所以所有人都没有完成任务。然而，虽然结果一样，孩子们的表现和心态却有很大差别。

被鼓励的孩子，积极解决问题，想办法完成拼图。面对失败，他们认为是自己的努力还不够。被表扬的孩子，表现得紧张、手足无措，有些自暴自弃。面对失败，他们很沮丧，认为自己并不聪明。

最后，研究人员让孩子们参加第四次游戏，难度和第一轮差不多。结果却令人大跌眼镜，被鼓励的孩子，分数比第一次提高了 30%，而被表扬的孩子，分数则比第一次退步 20%。

同时，在对孩子们进行追踪调查时，德韦克发现那些被表扬的孩子绝大部分都有些自傲，看不起努力的孩子。他们会这样认为，我很聪明，没必要那么努力；或是只有没有天赋的人才会用努力来弥补不足。

所以说，表扬和鼓励真的有很大区别，亲子教育中，父母要学会多鼓励、少夸奖的话术。比如孩子考试成绩不错，拿到班级第一名。父母不要只是表扬孩子：

“你很棒！妈妈为你骄傲！”

“你真聪明，真是妈妈的好孩子！”

“看到你拿第一，爸爸真为你高兴！”

“干得漂亮！”

而是应该鼓励孩子：

“你拿到第一名，平时学习肯定很努力！”

“看到你这学期的努力，妈妈很为你骄傲！”

“你得到了好成绩，爸爸真的对你很满意！”

“真棒！你应该为自己自豪！”

所以说，身为父母的你想让孩子高兴，那就多表扬孩子，可你想要激励孩子，那就多说鼓励的话。鼓励孩子时，父母还应该注意几个原则：

第一，鼓励孩子的具体行为。

这样和孩子说：“宝贝，看到你这学期的努力，拿到了第一名，我为你感到骄傲！”而不是：“宝贝，因为你拿到了第一名，我为你感到骄傲！”

后面这种说话方法会让孩子产生错觉：父母只看中结果，只夸奖我得了第一名。要是我没得第一，父母就会厌恶我！

第二，相信孩子可以做得更好。

鼓励孩子时，父母要相信孩子其实都是出色的，多对孩子说“你可以的”“你可以做得更好”。

第三，肯定孩子的努力。

孩子完成一件很难的任务，不管成功还是失败，父母都应该肯定孩子的努力，对孩子说“尽管很难，但你没放弃”“做得真不错，你已经超越了自己”。

第四，赞扬孩子的热心、勇气、创意、责任心等良好品质。

父母要鼓励孩子相信自己能力，促进其不断地成长，赞扬孩子做事时保持的热心、勇气、创新、责任心等品质。可以对孩子说：

“你不害怕困难，解决了很多难题，这真的很难得！”

“你的想法很不错，肯定花了不少心思吧！”

“你很认真负责，保持这种态度，肯定能做出好成绩！”

批评的话术

任何人都不希望被批评，可有的批评孩子可以接受，有的批评孩子却难以接受。为什么呢？那是因为后者带有斥责、不耐烦、指责、攻击、贬低等消极类语言，让批评的语言变得难听。

事实上，在亲子沟通中，父母最应该反思自己的行为，多用正面的语言，避免攻击性的批评。那么做父母的应该掌握哪些批评的话术呢？

第一，孩子一旦有错，要及时批评。

很多父母因为工作繁忙，或是在外出行，不能做到及时批评孩子，对孩子说："你等着，到家再找你算账！""等你爸爸回家，看他怎么批评你！"

然而本是上午的事情，等到晚上才批评孩子，时间隔那么久，孩子早就把事情遗忘了，批评哪还有效果。

批评要做到及时，即便你很忙，也应该重点指出孩子的错误，即便在外出行，也要找个安静的地方把问题说清楚。等到晚上，再好好和孩子沟通，让批评更有效果。

第二，批评只对事不对人，就事论事。

批评应该只对事不对人，孩子撒谎，父母可以说："你撒谎是不对的，很容易失去别人的信任。"而不是否定孩子这个人："你总是犯错，是个坏孩子。这么小就撒谎，长大指不定做出什么坏事！”

批评也应该就事论事，而不是把孩子之前的错事都拿出来说，把孩子数落得一无是处。“你今天撒谎了，我很生气，希望你能好好反省，不再犯类似的错误。”虽是简单的三言两语，却可以让孩子知错就错。

而没完没了的唠叨：“你又说谎，这都是第几次了？！前几天，你……”会让孩子厌烦，并扩大孩子的自卑心理。

第三，安抚式批评。

直接指出孩子的错误行为，然后进行鼓励和安抚，对孩子提出希望。比如，孩子把新手表弄丢，父母可以这样说：“这么贵重的东西，你就应该好好保管，而不是随意乱放。为了惩罚你的粗心大意，我决定从你的零花钱中扣除手表钱。这是为了让你长记性，也是为了让你反省！”

随后，父母可以对孩子进行安抚：“手表丢了，你也不要太伤心，要知道有失就有得。”“虽然妈妈罚你了，但是我也是一番苦心。我希望你能改掉粗心的坏毛病，否则以后你会吃亏的。”

第四，同理式批评。

通过激发孩子的同理心，让孩子反省自己的错误。孩子排挤新同学，可以这样对他说：“故意排挤人家是不对的行为。想一想，若是你到新学校，有人故意排挤你、不让其他人搭理你，你会有什么感想？是不是很伤心？”

第五，批评要私下进行。

很多父母喜欢人前教子，只是为了显示自己有家教，或是为了让孩子记住教训。可这种方式是错误的，很容易让孩子丢了自尊，更不愿意改错。

批评应该私下地进行，给孩子留足面子和自尊。孩子在公共场合犯错，父母可以明确地指出错误，“你不应该这样”，若是孩子依旧我行我素，父母可以把他拉到无人处严厉地批评。

第六，批评重在引导，切勿用冷言恶语。

批评孩子，应该注重引导孩子积极认错改错，而不是用冷言冷语讽刺、指责孩子，更不能责骂孩子。

第七，批评孩子，但肯定他的价值。

孩子的行为错了，但不意味着他是个坏孩子、一无是处。父母要对孩子说：“你犯了一个错，但你依然是个好孩子。我不会因为你犯错就厌恶你，因为我相信你能改正。”

第八，运用幽默的语言进行批评。

德国著名演讲家海因·雷曼麦说：“用幽默的方式说出严肃的真理，比直截了当地提出更能为人接受。”没错，用幽默的语言来批评孩子，可以让气氛变轻松，让孩子更愿意接受。

“三次考试，你都不及格，再不努力怎么考上好中学？！”类似的语言，硬邦邦，很难让孩子接受批评。换上幽默的语言，“三次考试，你都发挥稳定，很难得哦！不过，我觉得你还是应该给我个惊喜，对吗？”效果或许就不一样了。

第九，先赞扬，后批评。

一位名人说：“不管你要批评的是什么，都必须找出对方的长处来赞美，批评前和批评后都要这么做。这就是我所谓的‘三明治策略’——夹在两大赞美中的小批评。”

先赞扬后批评，对孩子真的很有效。不过，父母需要注意，你的赞扬应该简短，把批评当作重点，否则孩子可能搞错重点，只听到赞扬，听不到批评。

与学习相关的话术

很多父母看到人家孩子学习好，自己孩子学习差劲，就坐不住了。为了让自家孩子不落后，他们开始想办法督促、教育孩子，可越是如此，父母的话语越无法成为孩子的动力，反而给孩子带来焦虑。

所以，每对父母都应该做个智慧家长，掌握激励孩子学习的话术，帮助孩子远离学习困扰，同时促使孩子得到更多的东西，比如自信、个性、快乐以及爱。

第一，孩子写作业拖拖拉拉，父母要积极找出原因，耐心给予引导和鼓励。

遇到孩子写作业拖拖拉拉，很多父母气不打一处来，上来就吼叫："快点写，不要磨蹭！""你再磨蹭，我就对你不客气！""我就看着你写，看你还磨磨蹭蹭！"可效果呢？一点点都没有。孩子依旧拖拖拉拉，不是半天写不了几个字，就是一会儿喝水，一会上厕所。

想要孩子不拖拉，父母就应该耐心观察孩子，耐心与孩子沟通，找出其拖延的原因——究竟是注意力不集中，作业有难度，还是不爱写作业。找到原因后，父母要立规矩，且规矩不可破。可以对孩子说："写完作业，你才可以玩。不写完作业，绝对不可以玩。"

规矩立起来了，父母要让孩子明白自己是惩罚分明的。对孩子说："半小时写不完作业，你今天就失去看电视的机会。""半小时写完作业，你可以多看一集动画片。"

立好规矩，态度分明，有赏有罚，不要情绪化管教，孩子拖拉的坏习惯自然就会改掉。

第二，孩子分数不高，父母要平和、理智地对待。

很多父母过于在乎孩子的分数，孩子分数不高，父母除了批评、埋怨，就是唉声叹气，甚至动辄打骂。

"分数这么低，真给我丢人！"

"每次考试都拿不到90分，真不知道你怎么学习的！"

"唉，你什么时候拿高分，我就谢天谢地了！"

听到这样的话，孩子内心只剩懊恼、自卑、沮丧，认为父母只认分数，看不出自己的努力，更不在乎自己。在这样消极情绪的影响下，学习积极性大受影响，自信心严重受损，分数怎能提高?

父母应该引导孩子分析分数低的原因，"孩子，你好好反省一下，什么地方丢了分，究竟是不会还是马虎。"然后给予孩子信心和鼓励，"我相信你不笨，通过努力肯定能提高成绩……"最后告诉孩子，"好孩子，只要你努力了，进步就比分数更重要。"

第三，孩子考试紧张、焦虑，父母就不要再施加压力了。

很多孩子平时学习很不错，可一旦考试就容易紧张、焦虑，导致分数不高。虽然分数不是检验孩子的唯一标准，可孩子总是考试失常，对于学业和未来发展也有很大不良影响。

面对这样的孩子，父母若是不鼓励、不支持，不帮孩子走出恐惧，那么孩子的心理负担就会进一步加重，久而久之，就会对自我能力产生怀疑，失去学习动力。

父母可以这样和孩子说："孩子，你要知道，考试本身是检验你学习的情况，并不是争什么名次，你没必要紧张。""孩子，你要放平心态，把它当成在家做习题，这样你就不会再害怕了！"

同时，父母不要对孩子有过高期望，因为很多孩子惧怕考试是因为父母的期望过高而造成的。

第四，孩子感觉学习累，父母就多给孩子打打气。

孩子学习任务本来就重，又要实现父母的期望，心理上承受的压力可想而知。这个时候，孩子最希望得到父母的理解、支持和关怀。然而，很多父母只看重成绩，只看孩子是否达到自己的标准，听到孩子喊累，便会气急败坏："你还喊累，我看你就是懒！""学习有什么累的，我们大人工作都没喊累！""你学习成绩差，平时总想着偷懒，怎么可能会累！"如此一来，孩子不被理解，不仅会产生厌学情绪，还可能关闭亲子沟通的大门。

父母要理解孩子的疲惫，对孩子说："好孩子，我知道学习辛苦，我理解你的感受。如果感觉疲惫，你可以多休息，注意劳逸结合。"可以带孩子放松一下，"孩子，周日我们去打球，放松下身体和心情。"

德国诗人海涅说过这样一句话："即使种下的是龙种，收获的也可能是跳蚤。"若是父母不能掌握与孩子沟通的话术，那就很难让孩子成为自己心中期盼的"人中龙凤"。

与培养孩子社交力有关的话术

每个孩子都是独立的个体，但孩子必然成为社会中的一份子，与人进行社交活动。学会如何和人更好地相处，可以说对孩子的成长、学习和生活都至关重要。

然而，不同的孩子，社交力强弱不同。有的孩子社交力强，到哪儿都能交到很多朋友，有的孩子社交力差，几乎到哪儿都是孤单单一个人。

很多孩子社交力差，不是因为内向，而是父母没有给予好的引导，忽视了孩子社交力的发展。那么父母如何培养孩子的社交力呢？

第一，鼓励孩子多接触外界环境，多交新朋友。

作为父母不要对孩子说类似的话：

“外面坏人多，你不要到处乱跑。”

“公园脏兮兮的，我们不到那里玩。”

“不要和那个小孩玩，他很淘气。”

“这个秋千你先占上，不要让别的小孩抢走。”

类似的话语，会让孩子对外界环境、其他人产生排斥感，把所有外人包括小孩都划到“坏人”的队伍里。时间长了，孩子就不敢跟别人交往了，不敢融入集体的圈子，变得孤僻、冷漠。

父母应该多鼓励孩子与他人进行社交活动，多说肯定他人的话，并且让孩子学会友爱、分享、同情等好品质。可以这样对孩子说：

“公园有很多小朋友，我们可以找到一起做游戏的小伙伴。”

“那里有小朋友在做游戏，你加入他们吧！”

“宝贝，你在幼儿园有好朋友吗？你可以邀请他到我们家里做客。”

第二，鼓励孩子，而不是强迫孩子。

培养孩子社交能力，不是强迫孩子热情开朗、与人交友：“你要大方些，多和朋友打招呼”“快，叫叔叔。这是妈妈的同事，你应该叫叔叔。”“不要太内向了，快点儿，那里有几个小朋友在游戏，加入他们！”这样的强迫、督促，对于内向的孩子来说就是一种煎熬，只会让孩子更恐惧与人交往。

不妨这样对待孩子：牵着孩子的手，对做游戏的小伙伴说，“宝贝们，我们想加入你们，可以吗？”“孩子，这是妈妈的朋友，你可以叫叔叔哦！”

第三，善待孩子的朋友，不干涉孩子交友。

很多父母喜欢干涉孩子交朋友，并且用偏见来评价孩子的朋友：“这个孩子学习差，别和这个孩子玩”“我不喜欢这个孩子，太顽皮了”“你学习成绩差，就是和 ××× 混的”。看不惯孩子的朋友，破坏孩子之间的纯真友谊，久而久之，孩子的社交能力就会被破坏，缺乏正确的是非观和辨别力。

父母应该对孩子这样说："我尊重你交友的权利，也尊重你的朋友。""好朋友应该互相帮助，取长补短，让两个人变得更优秀。"但孩子的朋友若是品质、德行有问题，父母就要提醒孩子，尽量劝孩子远离。

第四，多给孩子爱和支持，多和孩子聊天。

很多时候，孩子社交能力差，不爱与人交往，是因为缺乏父母的关心和陪伴，缺乏安全感，从而封闭内心。父母要多对孩子说"我爱你""我相信你"，多和孩子聊天和谈心："孩子，我们来聊聊吧。""宝贝，今天学校发生有趣的事情了吗？"

第五，不打击孩子，不把孩子和别人做比较。

"你比不上其他孩子""你看看人家孩子，多出色""你看姐姐多懂事，你连姐姐的一点点都比不上"。打击孩子，拿孩子和其他小朋友或是兄弟姐妹做比较，孩子就会内向，恐惧社交。

父母应该多这样对孩子说："你真的很棒，孩子。在××方面再努力一些，你会更棒的！""你姐姐热情，你文静。你们都是妈妈的骄傲！""你和弟弟都是妈妈的宝贝，你们要相互帮助、相互友爱哦！"